メタレプシス——文彩からフィクションへ

MÉTALEPSE: DE LA FIGURE À LA FICTION

ジェラール・ジュネット
GÉRARD GENETTE
久保昭博 訳

人文書院

目次

凡　例

・訳注は、短いものは本文中に〔　〕で示し、長文になるものは巻末にまとめた。引用文中の原著者による補足は［　］で示した。また、必要に応じて原語を（　）で併記した。
・引用文は、既訳を参考にしつつ原書のフランス語から訳した。日本語文献は原注に併記した。
・作品名は、邦訳や邦題があるものについては基本的にそれを踏襲した。映画作品については原題を併記している。

私は、もはや古くなった著作の数ページを割いて[1]、もともと修辞学の領域に属していた概念を物語論《ナラトロジー》の領域に併合したことについての責任を、いくらか引き受けなければならないのではと気にかけている。また、この併合そのものは今でも正当だと思っているものの、多くを語りすぎたり逆に言葉が足りなかったり、どちらかというとぞんざいにそれをやってしまったのではないかという気がかりもある。それゆえ正当かどうかは別にして、新たな拡大解釈をこの概念に押しつける前に、私はこの問題をそもそもの出発点において取り上げねばならない。

この言語実践――その名で呼ばねばならないので言うとメタレプシス〔『物語のディスクール』では「転説法」と訳されている〕――は、それゆえ今では文彩《フィギュール》研究と物語分析の領域に同時に、というよりはむしろ順に重ねられるように属している。しかし同様に、これから見てゆくいくつかの脇道をたどるなら、これはフィクションの理論にも属しているということになるだろう。ギリシア語のメタレプシス（*metalepsis*）は通常、あらゆる種類の転換を、より特定的には、意味の転用によってある語を別の語のために用いる方法を指し示すことを想起しておこう。それゆえ実のところ、特定的という言葉はそれほど相応しくない。というのも細かな補足がなければ、この定義はメタレプシスを換喩《メトニミー》の同義語にも隠喩《メタファー》の同義語にもしてしまうからだ。古典的伝統に従って、(2)後者〔隠喩〕を類推による転用に限定するなら、メタレプシスが換喩そのものと同一視されることもなくなり、たとえば以下にデュマルセ(訳注1)が言うように、これはただ継起(consécution)関係へと限定される。「メタレプシスは換喩の一種であり、先行することを理解させるために後続することを説明するか、あるいは後続することを理解させるために先行することを説明するのに用いる。(3)」ウェルギリウスからとられた前者の例は、「幾年」を示すために「幾つかの穂」と言うものだ。というのも「穂は収穫の時期を想定させ、収穫の時期は夏を想定させ、そして夏は年が一巡したことを想定させる」からである。後者の例はラシーヌである。「私は死にゆく」と言うために「私は生きた」と言う。人は生きた後でなければ死なないからだ。フォンタニエ(訳注2)は後にこの定義を非難するが、ただしそれも、ただ一語のみからなる文彩と複数の語からなる文彩の区別を正しく認識していないという理由からである。「幾つかの穂(quelques épis)」あるいは「私は生きた(j'ai vécu)」というメタレプシスは二語〔以上〕を含んでいるため、換喩の一種としては数えられない。換喩は言うなれば量的な(つまり語の数という)基準に従う転義(trope)なのであり、フォンタニエは何にも増してその点に固執するのである。「[デュマルセ]自身によれば、換喩は一つの名詞、他の名詞のために用いられるただ一つの名詞からのみ構成されねばならない。そしてメタレプシスのほうは、彼が引用しているほとんどの例に従うなら、複数の語や様々な種類の語のみならず、一つの命題全体からも構成される。[4]」仮にこの純粋に統語論的――とはいえ「幾つかの穂」ではただ「穂」のみが文彩全体を担っていると言えるので、かなり異論の余地はあるのだが――で、意味論的関係には関与しない論争を無視するのなら、後続するもののために先行するものを、あるいは先行するもののために後続するものを言う（複数の語の）換喩をメタレプシスとするという定義を、フォンタニエがいくらか和らげながら受け入れていることが見て取れる。そこでフォンタニエが譲歩しながら「複数の語からなる、あるいは不正確に言われている転義」と呼ぶものの一つにこの定義を数えている箇所を、『言葉の綾（*Les Figures du discours*）』概論から引用しよう。「きわめて不都合なことに換喩と混同され、決して一つの名詞であることがなく、常に命題のかたちをとるメタレプシスは、直接的表現に間接的表現を代える、すなわちあることを別のことをもって理解させることに存する。その別のこととは、もう一方に対して先行する、後続する、ないしはそれに伴うことや、それを補うもの、それにまつわる何らかの状況、そして心に直ちにそれを喚起するようそれと結びついたり関連したりすることである。[5]」こうしてみると、デュマルセの定義のほうが、彼の後継者（フォンタニエ）の定義より明確であることも確認されるだろう。というのもこちらのほうは結果を言うための原因、あるいは原因を言うための結果であるとメタレプシスを暗に特定していたからである。とはいえ二人の修辞学者が、この因果関係の新たに特定されるかたちについては意見をともにしていることをこれから確認しよう。ありがたいことに、彼らはこの特殊ケースのために新たな術語を作り出そうとはしなかった。

*

彼らが考究した例からなるべく離れないようにするなら、この特殊例を作者のメタレプシスと呼ぶことができる。私はかつて、ややあいまいな仕方で、この言い回しを「古典主義者」一般に帰したことがあった。今ではもうその出典の痕跡も見つけられない――寝ている間に見つけたのかもしれない――のだが、しかしこの表現が、根本では古典的修辞学の分析に忠実であるという考えは今でも変わりがない。フォンタニエの言葉でそれを想起してみよう。ここで言われているメタレプシスの種類は、「結局は語ったり描写するにすぎないものを、自分自身の手で生み出す存在として」作者が「表象される、あるいは自らを表象する」際に、「詩人たちを彼らが言祝ぐ出来事の主人公へと変化させる、［あるいは］自らが描いたり歌ったりしている結果をもたらす者として彼らを表象する」ことにある。[6] それ以前、デュマルセはこの事例をよりあいまいな、さらには部分的に道を誤らせるような（しかしあくまで部分的である。この点については後で立ち戻る）言葉で扱っていた。というのも彼の説明だと、活写法（hypotypose）の慣行が同じように――より強くとは言わないまでも――喚起されてしまうからである。「やはりこの文彩に関連付けられるのは、詩人たちが描写に代えて描写が想定する事柄を我々の眼の前に提示する際に、先行するものを後続するものとして語るやり方である。」

ここではまさにメタレプシスが問題となっている。これら二つの文彩の近さ（これについては改めて後述する）をとらえるために、再びデュマルセから活写法の定義を以下に引こう。[7]「描写において、言葉にしていることがあたかも実際に眼前にあるかのように、語っている事柄を描き出す際」（たとえば『フェードル』第五幕のテラメーヌによる物語）――これに続くこの項目の記述はやや混迷の度が強い――「〔……〕いわば語られているにすぎないものが示され、言うなれば模造《コピー》に対して原物《オリジナル》が、絵画に対して事物が与えられる。」私が思うに、「あたかも」、「いわば」、「言うなれば」といった表現は、効果の幻影的な性質を含意するためのものなのだが、とはいえここでいう幻影は、「模造」を原物として、さらには「絵画」を事物として「与える」（つまりそれとして通用させる）ものであって、その逆ではないだろう。しばしばそうであるように、フォンタニエの定義ははるかに明確だ。「活写法は物事をかくも生き生きと、力強く描き出すために、それらをいわば眼前に置き、また物語や描写、像、絵画あるいは情景すらも生きているようにするのである。」「いわば」という決まり文句はここでもデュマルセと同じような働きをするだろう。実際のところ、この文彩の体系的とはいえないが最も効果的な手法は、過去の情景を喚起するために描写的現在を用いることにある。

　だがデュマルセが引用しているメタレプシスの二つの例は、フォンタニエの定義を先取って見事に示している。ウェルギリウスは第四の牧歌でこう言っている。「おおメナルカスよ、我々がそなたを失ったら、誰が大地に花を散りばめるのか？　誰が緑の陰の下に泉を湧き出させるのか？」[訳注3]――デュマルセはこれをこう言い換える。「つまり花が散りばめられた大地を誰が歌うのか？　あなたがなすのと同じように生き生きとしてうららかな描写を誰が行うのか？

緑の陰の下に流れる小川を誰があなたのように描き出すというのか?」第六の牧歌から引かれた別の例は、シレヌスが「大きなポプラを地上にそびえ立たせる」ところを、言い換えるなら「その変化をその目で見ているのだと信じてしまうほど、パエトンの姉妹たちがポプラに変身するところを生き生きと」[8]歌っているところを示している。そしてフォンタニエは、ドリル〔ジャック・ドリル(一七三八-一八一三年)。フランスの詩人〕から例を取ることになる。

永遠に豊穣な土地よ、私はついにおまえのもとへと至る、
その昔であればおまえの岩から、私は水をほとばしらせたはずだ、
おまえの小川のほとりに花の種を蒔いたはずだ……

これをフォンタニエは次のように注釈する。ドリルは「かつては岩から吹き出る水や、花々の種が蒔かれた小川のほとり等々を歌えたはずだと言いたいのである。」[9]

フォンタニエが明示しているように、作者のメタレプシスは一人称にも三人称にも結びつきうることがここで見て取れるはずだ。ウェルギリウスはメナルカスないしシレヌスに帰した描写に、そしてドリルは自分自身の描写にこれを適用したのである。前者の典型的な例は、伝統的な言い回しに見出される。「『アエネーイス』の第四書で、ウェルギリウスはディードーを死なせる」(「ディードーが死ぬことを語る」の代わりとなる)がそれである。この同じ言い回しが、こんどはウェルギリウス本人の口から一人称のものとして発せられると「『アエネーイス』第

四書で私はディードーを死なせた」となるだろう。この後者の変種については、再びフォンタニエが次のように述べている。「これを特別な文彩にしないためには、メタレプシスに結びつけねばならないだろう。これは大胆さにおいてそれ以前に出てきたものに引けを取らない言い回しであり、熱狂や感情からなる興奮の中で、人はこれによって語り手という役割を突如として放棄し、支配者や至高の存在という役割を選び取る。そうして成されつつある、あるいは成された物事をただ語る代わりに、それが成されよと指図し、命ずる。ヴォルテールがフォントノワ〔の戦い〕の詩で次のとおり述べたように。

王の家よ、歩め、勝利を確たるものにせよ……
来たれ、勇ましき選ばれし者、我らが軍の名誉。
発て、火の矢、炎を吹く榴弾よ……」

これら二つのかたちに共通する点が見て取れるだろう。最初のものは〔ウェルギリウス〕、詩人が〔直説法過去で〕自ら語る出来事を生じさせたふりをする。第二のものは〔ヴォルテール〕、詩人が〔命令法で〕出来事が生じるよう命ずるふりをする。そしてこれら両方において、彼は現実には自分が表象しているにすぎない物語に介入していると主張しているのである。たしかにフィクションでなら、このような偽装は行き過ぎではない。なぜなら詩人は、こうした出来事を〔現実に〕生み出したり指図したりせずとも、それらを考え出すからである。それだけでもたいしたことだ。しかしヴォルテールのような歴史的物語となると、主張と実際の行為の間の距離はより大きく、それゆえ言い回しの「大胆さ」はいや増す。なぜなら過去に――おそらくは未来にも――指図できる立場の者など、現実には誰もいないからだ。

＊

これから私は、正しく古典的と言えるこの定義が開いた理論的な道のいくつかに沿って進もう――これが多少なりとも実際にたどられた道であることは後々分かるだろう。とはいえまず、転用の様態や主題の中でも、換喩の概念が指すのは原因による結果ないしその反対なのだから、私には、これから先ではメタレプシスの語を以下のものに専ら割り当てるのが適当だと思われる。つまり作者をその作品に、あるいはよりひろく、表象を産み出す者をその表象そのものに何らかの意味で結びつける特定の因果関係の操作――少なくとも文彩的だがときにフィクショナルな操作（このグラデーションについては後述する）――である。それゆえ私は、換喩のより広汎な領域に見られる生産者と生産物の間の関係についてのよく知られたケース、たとえばカルダンシャフト〔イタリアの数学者カルダンの名に由来する自動車の部品〕やゴミ箱《プベル》〔ゴミ箱の使用を一八八四年の政令でパリ市民に命じた知事プベルの名に由来〕のようなケースは脇に除けておくことにし、また「表象」というときには、文学とその他いくつかの領域――絵画、演劇、写真、映画、まだ他に忘れているものもあるかもしれない――を想定することにする。というわけで、換喩の特殊ケースと定義されたこのメタレプシスが典型的なかたちをとるのは上述した「作者のメタレプシス」となるが、とはいえその領域が文彩的あるいはフィクショナルなやり方で表象の敷居を侵犯する他の様態にも広がっていることは後にみる。ところで私は『新・物語のディスクール』〔邦訳は『物語の詩学――続・物語のディスクール』〕において、メタレプシスを「入れ子の敷居の意図的な侵犯」と定義した。つまり〔表象とその作者の関係をめぐる定義と物語水準の侵犯に関する定義という〕二つの定義がここで一つにまとめられているわけだ。その理由は「入れ子にされた」あるいは「二次的」物語（たとえばポリュペーモスのところで過ごしたオデュッセウスの物語やシンドバットの旅の物語）が、「入れ子にする」あるいは「一次的」物語の登場人物の一人（パイエケス人たちのところのオデュッセウスやシャフリヤール王の前のシェヘラザード）による物語表象に発するのが、よくあるやり方だということによって説明される。入れ子の敷居を越えることは、同時にこの表象の敷居をも越えることである――たとえば〔プルーストの〕『スワンの恋』の〈語り手〉が、自分がどうやってこの話を知ることになったかという仲介的な物語を短絡させているように。このような短絡を、私は「疑似物語世界的」とか「〔物語世界へと〕還元されたメタ物語世界的」と形容したのだが[10]、これは特に手続きを踏むことなく（彼が別の機会に言うように「そこをどけ、私が座るのだ」〔厚かましい人間について言われる慣用句〕）、一次的語り手が二次的語り手（単数でも複数でもよいが、いずれの場合でも匿名）に取って代わるような還元である――この二次的語り手は、この〔スワンの恋の〕エピソードが始まる直前に、一次的語り手によって曖昧に、またかなり困惑気味に喚起される。「〔……〕私が生まれる前にスワンの身に起こった恋愛について知ったこととときたら、ときには親友の生涯よりも数世紀前に死んだ人びとの生涯について容易に得られるような精確さを備えたものであり、またかつては離れた町を繋いでお喋りをすることなど不可能に思えたほど――この不可能を回避した狡猾な方法（電話のこと）が知られていない間は――不可能に思えるようなものであった。[11]」ここで用いられている物語の魔法じみた「狡猾な方法」が、もちろん私たちが言うメタレプシスのことである。

（物語世界内の）二次的語り手は、『バウドリーノ』ではよりはっきりと同定され、かつ舞台に上げられている。[12]というのもこの語り手は、第四回十字軍の「巡礼者」たちが一二〇四年にコンスタンティノープルを奪取した際、大法官ニケタスに自らの過去を語る主人公その人であるからだ。だが口頭でなされるこの自己物語世界的物語は、いつも――つまり彼が語りだすたびに――瞬く間に、また予告もなしに、第一の水準の語り手によって、三人称の異質物語世界的な声で奪い取られてしまう。ただしこの第一の水準の語り手を、ここで作者ウンベルト・エーコ自身と同一視するのはやや単純すぎるだろう。それは『マルテの手記』の最後の数ページにおいて、主人公の代わりに突然語りだす明らかに外的な語り手を、ライナー・マリア・リルケと同一視するのがやや性急であるのと同じことである。

しかしこの種のメタレプシスがもっとも体系的に用いられるのは、おそらく「ヌーヴォーロマン」一般、とりわけアラン・ロブ゠グリエの実践においてだろう。彼は、汎過去形《プレテリット》あるいは物語的かつ描写的な現在形（これがもっとも多い）で書かれた古典的な外観をもつ物語内に場面を並列し、それらを客体化そして物語世界化するのだが、しかしこれらの場面をより注意深く分析するなら、そのほとんどが主観的かつメタ物語世界的な源泉に由来していることが示されるだろう。つまりそれらは登場人物たちの記憶、夢、幻想、予測、さまざまな作り話なのであって、さらには『迷路のなかで』に見られるように、物語世界内に存在する絵画という、厳密には――あるいは言葉としては――物語でない源泉もある。この絵を取り囲む物語世界の任意の要素は、作者の意のままに、その絵から出てきたりそこに帰って行ったりするのだ。この手法についてはまた後ほど、そしてより明快な文脈においてもう一度見ることにしよう。

＊

右に述べたように、「この定義が開いた理論的な道のいくつかに沿って進もう」と言うことで、私がなによりも意図しているのは、複数の語からなるものであっても単純な文彩（文彩的メタレプシス）からフィクションと呼ぶべきもの（フィクショナルなメタレプシス）へと移行し、それによって調査対象を拡大するということである。私からすれば、このフィクションと呼ぶべきものは、文彩の拡大された様態である。おそらくは非常に拡大されたものだ。ここではこの二つの語に共通する語根に再び注意を促すには及ばないだろう。それは「加工する（façonner）」、「表象する（représenter）」、「偽装する（feindre）」、「創案する（inventer）」を同時に意味するラテン語の動詞 *fingere* の中に見出されるものである。私たちが用いる「フィクション

（fiction）」と「文彩（figure）」の先祖となる名詞の *fictio* と *figura* はともにこの動詞から派生しているのだが、両者の外示を区別しうる限りにおいて、前者はどちらかといえばこの動詞の行為を、後者はその産物もしくはその効果を指す。語源に関する議論を濫用せずとも、これら二つの概念の間に類縁関係を見出すのは無謀なことではないだろう。私がたった今、フィクションとは「文彩の拡大された様態」であると述べたのは、拡大を通じて一方から他方へと移行するつもりだからなのだが、しかし後に見るように、フィクションとは、むしろ強化された、あるいは亢進した文彩の様態だとも言える。おそらくこの事態は、反対側からとらえたほうが容易に考えられるだろう。つまり、文彩は（すでにして）小さなフィクションだということだ。小さなフィクションというのは、一方で、文彩が、一般的にはわずか数語、さらにはたった一つの語でも成立するということ、他方で媒体が狭小で、多くの場合その使用頻度が高いために、そのフィクショナルな性質がいわば緩和されるという二重の意味においてである。また、媒体が狭小かつその使用頻度が高いということのせいで、文彩の意味論的モチーフが実は斬新であることが知覚されなくなってしまう。「燃える思いを告白する（déclarer sa flamme）」（訳注4）のような隠喩、「一杯飲む（boire un verre）」のような換喩、あるいは「死ぬほどおかしい（mort de rire）」といった誇張法を平凡なものとして受け入れさせているのは、ただ用法と慣習だけだ。文彩とはフィクションの萌芽、もしくはこう言ったほうが良ければ、フィクションの素描《エスキース》なのである。

あるいは、いくつかの文彩だけがそうなのかもしれない。短いが必要な回り道をさせてもらえるなら、かつて私は、「ある日、樫が葦に言った」のように物理的に不可能な発話が見られることを、フィクショナリティの「テーマ的」指標として紹介したことがあった(13)。それに対してクリスティーヌ・モンタルベッティからは、一方は頑丈で他方はか弱い外見の二人の人間を指す二つの隠喩として「樫」と「葦」をとるという条件を付けさえすれば、この発話がノンフィクショナルなディスクールの中でも生じうるという反論があった（というのも、これが物理的に不可能だという要因は、寓話作家が樹木に言語能力を与えるという点にあるのだから）。この反論はまったく正当であるように思われるが、それでもここで言われている隠喩の文彩としての性質は、十分に考慮されなければならない。頑丈な人を「樫」と呼ぶことは、まったくもって想像的な同化に由来する。その同化はただ類推《アナロジー》によって、つまりはこの語彙の借用が含意するよりはるかに限定的に属性を共有することによってのみ動機づけられているのである。モンタルベッティは次のように書いている。「この植物の言葉の幻想的性質は、これが隠喩であるという仮説を出した瞬間に消失する。」もちろんそのとおりだ。だがこのような消失じたいがまた別の幻想的な出来事、つまりは一人の人間が植物に変身するという事実の受け入れを前提としている。人がこの事実を受け入れるのは、この変身をもちろん単なる言葉の遊戯と捉えているからだ。ところでフィクション——たとえば寓話のような文学フィクションは少なくともそうだが——もまた言葉の遊戯なのであり、そしてこれら二種類の遊戯の区別はかなり不確実なものである。隠喩、より一般的には文彩、あるいは少なくとも隠喩や換喩、反語法や曲言法ないし誇張法といった置き換えによる文彩は、言葉のフィクションであり、ミニチュアのフィクションなのである。文彩として規範的な一覧にあるものすべてがそうだとは言わない。たとえば単純な比較もあり、「誰某は樫のようだ（もしくは、樫のように頑丈だ）」と言うことにはまったくフィクショナルなところがない。せいぜい、比較についての伝統的定義なら確かに取り入れないような大げさなところがあるかもしれないというくらいだ。これは——正誤を言うことが可能な——類似に関する、あるいは部分的類推（というのも樫のように頑丈な男が樫のように葉を茂らせているわけではないのだから）に関する単純に字義通りの発話である。のようだ（comme）という接続詞がそのことを確証している。そのため私は、ここに真の文彩を認める気にはほとんどならない（「象のように軽い」とか「監獄の門のように愛想の良い」というような逆説的な比較のケースは別だろう。これらにおいては比較の項目と形容詞が撞着語法をなすために、形容詞は明らかに反語法による文彩的置換を被っている）。また、（特に）頭語法（anaphore）、対句法（antithèse）、省略法（ellipse）ないしは冗語法（pléonasme）のような言い回し、すなわち形式的には完全に文彩として認識ないし同定されるものの、表現の置き換えや意味の移行をまったく含んでおらず[14]、それゆえ字義的な意味に背くこともまったくない単純な言い回しや言語形式（別の言い方をすれば単純な文体的定型表現（formules stylistiques）と言えるだろう）についても真に文彩とは見なせない。他方、「燃える思いを告白する」という隠喩、「一杯飲む」という換喩、あるいは「死ぬほどおかしい」という誇張法は、真正の、あるいは強い意味での文彩である。それは、愛で燃え尽きたり、器を飲み込んで渇きをいやしたり、あるいは——このケースはより証明されているようだが——激発的な爆笑の作用のせいで他界したりすることが実際に（字義通り）可能であるかのようになす（話す）ことから構成されるフィクションの片鱗が、これらの表現には含まれているというまさにその意味においてである。私は、「強い意味で」と言った。それによって想定しているのは、一般的に文彩と呼ばれているものの二つの状態の間にはグラデーションがあるということだ。一つは純粋に形式的で意味論的には弱いもので、その同定可能かつ典型的な構造のためにのみ文彩とみなされ、もう一つは意味論的に強いもので、意味的転用の効果によって「驚異（prodige）」（この語にはまた後で出会うだろう）をもたらすものである。

*

メタレプシスは、あきらかに後者のケースに当てはまる。また、この真に文彩的な、それゆえすでにフィクショナルな性質こそが、私がこの概念を段階的に拡張しようとしていることの根拠にもなる。いや、むしろ、私がしようとしているのは、この概念の使用のうちにすでにもたらされている段階的拡張を見つけ、単にそれをメタレプシスという表現で喚起することにすぎない。つまるところフィクションというものは、字義通りに受け取られ、実際の出来事として扱われた文彩である(15)——それはたとえばガルガンチュアが木靴で歯をみがいたりコップで髪をとかしたりする、ヴェルデュラン夫人が冗談で笑いすぎて顎をはずす(16)、あるいは——もっともらしさがより低いという効果のために虚構性が一層明確になるのだが——自分がもたれている壁を支えているのかと尋ねられたハーポ・マルクス（あるいは別の一人）が、そこから離れたとたんにその壁が崩れるといったときに見られるものだ。「壁を支える」というのはありふれた文彩〔「何もすることがない」という意味になる〕なのだが、このギャグはそれを字義通りのものにすることでフィクション（と私たちが呼ぶもの）に変えてしまうのである。それゆえ私はこれから、「本気」で受け取られるものとして、虚構上は字義通りに解されたメタレプシス、またそのことによって真に虚構的な出来事へと変えられたメタレプシスのケースをいくつか考察しよう。実際のところ、ウェルギリウスがディードーを「死なせる」と述べることは、誰もがその真の意味を捉え、復元することのできる文彩である。ウェルギリウスが自分の詩の物語世界に入り込み、ディードーを焼き殺す薪の山に火をつけにくるなどというのは、まったくありそうもないフィクション物語、さらには考え得る限りの象徴的解釈――マルクス兄弟のギャグに通ずる遊戯的なものも含め――とは別の次元で、幻想や魔法ジャンルに属するフィクション物語となろう。

この両極の間にあらゆる種類の中間的段階を見出しうる、あるいは想像しうることは言うまでもない。フィクションか否かに関わりなく、また、部分的には私あるいは他の人によってすでに用いられた一覧から例を挙げてみよう。古典時代を扱った一ページで、ミシュレは次のように書いている。「愛の中で彼女〔農婦〕から思わず発せられたあの悲痛の叫びを、私は十五世紀に述べた。」[17] 文字どおりに受け取りかねない人にとってはどれほど大胆なものに映ろうとも、この省略法が彼の「歴史」の中世末期を扱った章を単に参照しているにすぎないことは自明である。『フランス革命史』[18] にも同じような言い回しが表れるが、こちらの効果はもう少し人を戸惑わせるように思われる。テルミドールに先立つ数週間の物語の中で、歴史家は次のようなことを喚起する。「モンマルトル通りで、二つの石膏像を前にして、以下のようにつぶやく愚かな老婆のことを我々は九二年に語っていた。『マニュエルとペシヨンを救い給え！　マニュエルとペシヨンを救い給え！』これを一日に十二回である。九四年に、この女がロベスピエールのために同じだけつぶやいたことは疑いない。」戸惑いは、これらの出来事が極めて近いということに由来する（挙げられた二つの出来事同士の近さに加え、それらの時間と語りの時間との近さ）。そのことによって、出来事の同時代の証人が日々記すクロニクルという、この一節が示唆するフィクションを、読者はいっそう受け入れやすくなるのである――このフィクションは、どんな時代のものであれ、ミシュレが自分の対象と保っている融解的かつ幻影的な関係を見事に表現するものだ[19]。真正の年代記作者としてのアレクサンドル・デュマは、すでに丸め込まれていた共和派の蜂起のため、彼自身が向こう見ずにも弾薬を求めて地方に赴いた物語を、一八三〇年七月のオルレアニストたちの陰謀の物語に挟み込もうとして、次のように書いている。「私がソワッソンから戻ってきたら、［ティエール氏］が行ったことを我々は見ることになろう。」読者は「私が戻ってきたら」が「私が自分の旅行についての脱線を終えたなら」を明確に意味することを苦もなく理解する[20]。バルザックは――あるいはもしこう言った方がよければ『幻滅』の語り手は――こう書いている。「崇敬に値する聖職者がアングレームの勾配を登っている間に、以下のことを説明しておくのは無駄ではない、等々[21]。」誰もが、筋の理解に役立つ説明を読者に与えるため、小説家＝語り手がこの勾配を登る物語を単に一時的に中断しているのだと解釈する。ディドロは『運命論者ジャック』でこう尋ねている[22]。「主人を結婚させ、それから彼を寝取られ男にすることを私に妨げる何があるというのか？」」自分の登場人物の運命を勝手気ままに導くという創案上の自由が、ここでは面白おかしく曖昧なやり方で要求されているということは、誰の目にも明らかである。これはヴァレリーが「現実を模倣する唯一無二の決定という幻影に代えて、私にはより真正に感じられる〈各瞬間に可能なこと〉を置く」(23)と呼んだことにほぼ対応する。ただしこうした介入が、小説的語りに固有の（慣習という意味での）フィクション、つまり実際に起こった出来事を小説家＝語り手が報告するものとされるフィクションを見事に断ち切ってしまうということは、ヴァレリー自身がそうしたように認めておかねばならない。ロシアフォルマリストたちが「手法を露わにする」と言っていたやり方、つまり語られた物語内容は想像されたもので、任意に変更可能だという性質を、事のついでにというかたちではあっても暴露することは、フィクション契約――それはまさしくフィクションが自らのフィクション性を否定することに存する――を途中で傷つけるのである。もしかすると幼年期のナイーブな読者は違うかもしれないが、それを除けば、この契約にだまされる者など誰もいない。だがその契約の破棄はやはり違反であって、それはあの有名な「不信の自発的停止」を揺るがせることにしかならず、そのために、私が思うにビュルレスク調にまで遡るかなり長い伝統を持つ、目配せによる示し合わせのようなものが際立つ結果となるのである。ともあれスカロンを見るがよい。『荷車引き』は『賭博場の女主人』の申し出を受け入れた。そして動物たちが餌を食んでいる間、作者はいくらか身体を休め、第二章で語ることに思いを馳せ始めたのだった。(24)」

作者が、これまでは単に報告するふりをしていた行為にこうして介入するふりができるのなら、読者をそこに巻き込むふりもできるだろう。『運命論者ジャック』をもう一度読んでみよう。「もしお望みなら、この百姓女を馬上の連れの男の後ろに乗せて立ち去らせ、われらが旅人のもとに戻ろう。[25]」ここでの文彩的フィクションが、前の例に比べて強度を増しているというわけではない。それはただ、(牧歌的隠喩をもう一度かぶせるなら)「私は本題に戻る」と言うために「われらが羊たちに戻ろう〔「本題に戻る」という意味の慣用句〕」と言うときのように、読者ないしは聴き手を物語の行為と連合させる[26]ことしかしていない。ドアを閉めたり、シャンディ氏がベッドに戻ったりするのを助けるよう私たちに依頼するスターンは、フィクションへと向かうさらなる一歩を踏み出しているのだが、しかしこうした依頼と称されるものにしても、せいぜい介入という文彩を遊戯的に、あるいはユーモラスに強化するだけである。だがこの同じスターンが、シャンディ氏は『トリストラム・シャンディ』の読者によってベッドに寝かせられたと断言《いい》した(断言するふりをした)のであったなら、フィクション的特徴はさらにもう少し明白になっていたことだろう。この場合になると、さきほど私が「戻ろう」を「私は戻る」として解釈したのと異なり、メタレプシス的発話を字義通りの発話に「翻訳」することがもはやできなくなる。それゆえメタレプシスはもはや単なる(翻訳可能な)文彩ではなくなり、受け入れるか否かが問題となる完全なフィクションとなるのである——ただしそこには、明らかに不可能な役割を割り当てられる読者がそれを信じることはあり得ないという留保がつく。これはたしかにフィクションだが、とはいえ幻想的あるいは超自然的なタイプのフィクションであり、しかも完全なる不信の停止はほぼどうでもよくなって、遊戯的シミュレーションとして信ずることのみが期待されるようなフィクションなのである。

＊

この幻想的領域は、これから取り上げるメタレプシス的フィクション、つまり（現実のあるいは潜在的）読者自身をフィクションの筋に参加させることをもはや装わない、あるいはまだ装うにいたらない（この点については後述する）メタレプシス的フィクションのほとんどを特徴づけるものである。コルタサルの短篇小説「続いている公園」[27]には、自分が読んでいる小説の登場人物の一人によって殺される（あるいは殺されかける）読者が出てくるのだが、この読者が（少なくとも潜在的な）コルタサルの読者ではなく、この短編小説の登場人物だということは明らかである。つまりここでの幻想的な筋は、このフィクション世界の二つの水準の間で展開されるものとなる。それがすなわち物語世界的な水準とメタ物語世界的な水準なのだが、前者には虚構の読者が位置し、後者には、この二つの水準を分かつ境界を越えて殺人者となる小説の登場人物が位置するのである。だがこれらすべてが一つの虚構的物語世界内で展開するからといって、以下のことが忘れ去られるべきではない。それは、この物語世界の内部では、殺人者となる登場人物は（小説の人物なのだから）虚構的なものとして提示されるが、殺害される読者は「現実の」ものとして与えられているということである。物語世界とメタ物語世界の間の関係は、フィクションにおいてはほとんどいつも、現実的（とされる）水準と虚構的（として認知される）水準の関係として機能する。たとえば、シェヘラザードが王を日々の物語で愉しませているという水準と、この物語のそれぞれが位置する水準がそうだ。つまり虚構的物語世界は、それ自体の虚構的（メタ）物語世界に対しては、「現実的」なものとして現れるのである。私はいま「ほとんどいつも」と述べたが、その理由は、二次的な物語が、物語世界内の語り手によって非虚構的なものとして提示されることもあるからである。小説の登場人物（たとえばドミニック）がもう一人の登場人物（たとえばフロマンタンの小説の匿名的な聴き手＝語り手）に向かって、この小説の世界においてやはりまったく「現実的」と想定される登場人物たち（マドレーヌ、ドミニック自身）を舞台に上げる物語を語るという場合がそれだ。物語の水準を別にすれば、このメタ物語世界的物語は、それが報告される物語世界と同じ「現実」というステイタスを備えるのだが、しかしステイタスがこのように同一であるといっても、もし聴き手が自分のためになされている物語の中に介入し、その流れを変更するのなら（たとえば、マドレーヌがアルフレッド・ド・ニエーヴルと結婚するのを妨害する）、こうした介入は、コルタサルの短篇小説が示していたのと同じくらいメタレプシス的なものとなる（訳注5）。もちろん、メタ物語世界から物語世界へ、あるいはその逆へという二つの方向性において、侵犯の程度は同じである。つまりコルタサルの短篇小説の読者が読んでいる最中の小説の登場人物を殺害しに行く、あるいはマドレーヌがドミニックの語る物語から出てきてその聴き手と結婚するということは、「同じくらい」信憑性に欠けたことなのである。同様に、ウッディ・アレンの短編小説「ボヴァリー夫人の恋人」[28]では、クーゲルマスという教授が物語世界からメタ物語世界へと移行してフローベールの小説の中に入り込み、エマの恋人となった後に、彼女を二十世紀のニューヨークへと連れて行く。つまりメタ物語世界から物語世界へと戻ってゆく。古典的理論がメタレプシスという語で考慮していたのはただ支配的侵犯、つまり自らが作ったフィクションに（創造能力の比喩《フィギュール》として）干渉する作者についてのみであって、その逆、すなわち自分が作ったフィクションが作者自身の現実生活に干渉することは考慮されていなかった（思うにこうした方向の動きによって例示される文学や芸術創造の古典的な考えは一つもない）。そうであるなら、修辞学がほとんど考えもしなかったこのような様態の侵犯には、それをあくまでメタレプシスの一特殊事例とみなすなら[29]、アンチメタレプシスという名を与えられるだろう。

*

これから取り組むことになるこの様態あるいは下位＝様態は、もちろん私たちの――いわばロマン主義的、ポストロマン主義的、近代的《モダン》、ポストモダン的――創作概念に呼応している。その概念によると、創作にはとかく自由が、そしてその産物には自律性という権能が認められがちだが、より卑近というか大胆ではない古典主義的エートスでは、そうしたものはまったくと言ってよいほど構想されることがなかった。たとえば、今日では平凡なものとなったトポス、つまり創作者のオーソリティーから少しずつ逃れてゆく小説の登場人物たちや、さらにはよりひろく、芸術家に対して遡及的に作用する作品――「この本の執筆があなたを変えたか？」――というトポスの中に見られるのがこれである。その見事な例証は、ジオノの『ノア』（プレイアード版の冒頭三十ページ）(30)にある。ここに見られるのは、一九四六年秋のある日、マノスクの自宅で書斎として使われている二つの窓（南側と西側）がついた角部屋に心地よく落ち着いた小説家が、自分が書き終えたばかりの小説『気晴らしのない王様』の登場人物（そして風景）の訪問を受ける様子だ。そして舞台が一八四三年に設定されているこの『気晴らしのない王様』のほうは、語り手のステイタスをめぐってそれ自体きわめてメタレプシス的な変化が生じている。この語り手は当初、異質物語世界的に歴史を語る者（単純化して一九四六年当時のジオノ自身ということにしよう）なのだが、それが次第になのか突然なのかは分からないが（この変化が生じる正確な瞬間は、入念に特定できないようにされている）、一世紀を遡りこの筋書きの展開を目撃しかつそれに参与する一登場人物、それゆえ等質物語世界的な語り手となるのである。ここでは『ボヴァリー夫人』が示す道のり、つまり最初のページに現れるシャルルの同級生である語り手が完全に姿を消し、最後のページになって一人称複数という同じ集合的なかたちで戻ってくるという道のりがほぼ逆に辿られている(訳注6)。

一時的に消えることで等質物語世界的な語り手の声が変化するということであれば、知名度においては劣るもののはるかに華々しい例を〔スタンダールの〕『ラミエル』に見て取ることができる。この未完の小説の冒頭の二章を通じた匿名の語り手は、カルヴィルの小さな村落社会の一員であり、そのことは我々や私が頻繁に用いられることで喚起される。ところが第二章の最後では次のような文が書かれてしまうのだ。「こうしたあらゆる意外な出来事は――というのも実際にそうしたことが起こったのであるから――、オートマール夫妻が養女とした幼いラミエルの周辺に起きたことである。そして私は文士になるためにこうした出来事を書いてやろうという気まぐれを起こしたのだ。それでは寛大なる読者よ、さらば、諸君が私の話を聞くことはもはやないだろう。」この無造作な暇乞いが、いかなる意味でメタレプシスとなっているかはお分かりだろう。つまりここまで小説の物語世界に属していた語り手が、突如としてそこから抜け出すのである――ラミエルをめぐる出来事が属する物語世界の水準を、私たちやこれ以降は外側から物語る文士――この人物をスタンダールと躊躇なく名指す人もいるだろう――が位置する物語世界外の水準から分かつ敷居を、断固たる（また仰々しい）様子でまたぐことによって。

『ノア』の初めの箱船に戻ろう。この作品のさわりの一節は、『気晴らしのない王様』をめぐってジオノが自分自身に言葉をかけるところから始まり、この作品の詳細な描写がそれに続く。「つまり［彼は］創作しながら執筆する」――これは、これから展開することになる想像上の出来事を把握するにあたって、実際たいへん有用な描写である。だがフィクション世界の現実への介入は、漸進的に行われる。

南側の窓のある場所、机の正面に、私は［この窓から見える現実の邸宅の］屋根すれすれにかかっている雲といっしょに、［想像上の］村の広場を置いた。私には［小説の舞台が置かれているドーフィネ地方の」プレ＝ヴィラールやサン＝モーリスへと向かう道路が列のように延びているのが見える。左には、斜めに、教会のポーチが見える（いわゆる現実においては、ほぼあの邸宅がある場所だ）。右には〈カフェ・ド・ラ・ルート〉の扉が、その上の二階にあるラングロワが長い間住んだ部屋の窓とともにはっきり見える……。

『気晴らしのない王様』の舞台は、ジオノが自分の部屋の窓越しに――彼が冗談めかして「いわゆる現実」と形容している窓――眺めるふりをしているこの虚構的な風景の中に位置することになるのだが、この小説はここにおいてまだ完成しておらず、いまだに執筆途中のものであることが明らかになる。この時から小説の登場人物たちは、小説の空間と同時に、それを「創作」し、書いている最中の小説家の空間を生き始める。

V氏がドロテを片付けたときに、また彼がブナの木から降りたときに（この木は隅のほう、私の目の前の南の窓と西の窓の間、つまりこれら二つの窓を分かつこの白い壁部分にある）、ともあれ彼がブナの木を降りて、私は、彼が茨の茂み近くの雪の中に片足を突っ込んだと言った。こちらは書かれた物語［フィクション］だ。だが現実では、彼は私の家の床の上、机から一メートル五十センチのところ、小さな薪ストーブのすぐ脇に足を置いた。私は彼がアルシャ方面に向けて発ったと言った。だが現実では、彼は私の机を通り抜けた。より正確に言うなら、彼のおぼろげな形状［……］が私の机を通り抜けた。彼は私を通過した、あるいはより正確に言うなら、不動の（あるいは書くためにほんのわずかに動く）私が、V氏のおぼろげな形状を通過した。［……］ラングロワが葉巻を、次いでダイナマイト管を吸うテラスを設置したのは、［糊張りされたモンゴル壁紙の］白馬と、私の部屋の扉近くにある電気スイッチの間だ……。

先に述べたように、これが約三十ページにわたって同じような調子で続くので、ここにはそのすべてを書き写すことは控えるが、以下のことだけは指摘しておきたい。それは創作された世界を現実世界へとこのように「重ね合わせ」（これはジオノの言葉だ）ることで、相互的な闖入が引き起こされるということである。というのも幽霊のような彼の登場人物たちが、その「おぼろげな形状」でもって彼の書斎の空間に出没するとしたら、必然的に小説家自身も、見たところより確固としていて寸法もより大きい彼自身の形のまま、自らの虚構世界であるリリプット的空間を侵略する、あるいは少なくともその場をふさぐことになるからである。

数時間の仕事の後に、パイプを一服しながら長椅子で少し休もうとしたら、スウィフトの巨人のように、五～六平方リューの風景に横たわることになった。［……］ひどく嫌な気分であった。仕事や交通を邪魔している気分、ともかくも昼寝の嗜好にはきわめて不都合なことに、公開されている気分になっていたのである。［……］さらに私の仕事着ときたら、真っ赤な馬衣を裁断して作った古いガウンだったので、青白い野原とカラマツの柔らかな緑の上に横たわった私の姿は、ずいぶん遠くからでも顔の真ん中についた鼻のように目に付いたに違いない。トー、マン、アヴェール、サン

＝モーリス、さらにはクレルでさえこういう言葉がきっと交わされていたはずだ。「ありゃなんだい、あそこの、峠の坂道の上に横たわっているやつは？　それにあそこ、ラレーで、あの連中は何をしているんだい？　ヒナゲシの畑でも耕しているのかね？」［……］まったく私のせいで物議が醸された。

この物議がメタレプシスと呼ばれるものだ。もはや単に語り手のメタレプシスというだけでなく、まさしく作者のメタレプシス、つまり二つの小説の間に位置するだけでなく、同様に当然のことながら物語世界外的である彼自身の経験的世界と、物語世界内的である彼のフィクションの世界の間に位置する小説家のメタレプシスである。ここでは文彩が文字どおりに受け取られ、同時にそれ自体がフィクション的出来事へと変化する。明らかに、分別ある人びとにしてみれば愉快な話し方に過ぎなかったものが、存在し、空間を占め、時間を過ごす一様態へと変わり、それが幻想的に文学化されることで、まさしく物議が醸し出されることになるのである。

＊

私たちはすでに、フォンタニエによるヴォルテールの引用を通じて、語り手が自ら報告しようとしている物事に命じるふりをするという、メタレプシスの古典的一種に出会っている。これは、作者による自らの作中人物への呼びかけと、大胆さのうえではほとんど変わらない一種だ。相変わらずジオノからだが、『メルヴィルを称えるために』に、この例が二度現れるのを私は見つけている。これは、『白鯨』の著者が行ったイギリスへの（本物の）旅を、大いにロマネスクに語って潤色した、疑似伝記的な長めの短篇だ。ジオノは船長の娘が「アクシュネット」号の乗客リストを作成したことを「報告」する。彼女はハーマンという名の前に、「喚き屋（squaller）」と書き込んだ。するとジオノ本人、あるいはその語り手が割り込んでくる。「おお！　ミス・ヴァレンタイン、《不平家》とは、どうしてそういうことになるんだね？　彼は何も言わなかったのに……」このあと、主人公に愛される術を知らなかった若い娘への叱責が一ページにわたって続く。「あなたのせいで恋愛の場面がひとつダメになってしまう。あなたは彼が最初に出会う可愛らしい娘なのだ。あなたのことは気に入っていたのに。恨みますよ。」そしてハーマン自身に向けてこう続ける。「ほら君、君には海の塩水だ。これを求めていたんだろう、ほら。今度は満足するはずだ。[31]」この一篇の（まったく虚構の）ヒロインであるアデリナ・ホワイトについて言うなら、ジオノの語り手は、その後マルセイユの通り〔後述するフロット大通り〕でスカートが立てる音と小さな咳でそれと分かる彼女に会い、実際に会話をすることになる。これは再び『ノア』[32]の中での出来事であるが、その少し前で語り手は、フロット大通りで「黒馬上の黄金の麦穂であるかに感じられた一人の騎士[33]」、アンジェロ・パルディつまり後の「『軽騎兵』連作」の主人公その人に出会う。そして『アンジェロ』の後記では、作者がこの人物と想像上の長い会話を行っていることがまたもや示されるのだ[34]。

それゆえ『ノア』は、小説家の数日の生活をめぐる事実の物語として提示されるものの、実のところは彼が自ら現在、過去、あるいは未来に創り出す人物と交流する場として機能していることが分かるだろう。こうした関係の最後に挙げておきたい一形式が、マルセイユの通りを路面電車で長時間走行する間にあらわれている。ここでは路面電車に乗り合わせた乗客たちが車両から降り、近隣の道々の暗がりに消えてゆくその時に、散歩者がこの乗客たちのさまざま異なる私的な冒険に付き従うと言い張るのである。(35) ここでのメタレプシスは、「現実」の人物たちの主観性に入り込む（と言い張る）ことにある。この人物たちはまだ小説の登場人物となるには至っておらず、またそもそもこれ以上に登場人物になることもないのだが、一瞬――まったく想像上の内的焦点化が生じるわずかの時間――良い品行ととりわけ真実らしさの観点からは許されない程度まで事情に通じ、また遠慮を欠いた観察者の全知に身を委ねる。またこうしたことは、ケーテ・ハンブルガーやドリット・コーンによって論じられたフィクションの特権(訳注7)が、小説家という職業のおかげで休暇中の小説家の日常にまで拡大しているかのような仕方でなされるのである――もっとも、小説家に休暇などないと、いたるところで言われているようなものではあるが。

＊

これと似てはいるが逆方向のやり方で、『フランス軍中尉の女(36)』第五十五章では、（物語世界外的語り手である）小説家のジョン・ファウルズが、登場人物のチャールズ・スミスソンが列車で移動する機会に乗じて彼のコンパートメントの中にきわめてメタレプシス的に入り込み、こっそり彼を調べ上げる。似ていると述べたのは、言うまでもなく無遠慮な視線と空想を描くには移動がぴったりだという口実が共通しているということであり、他方で逆方向というのは、これから展開する物語を空想させるだけのジオノとは反対に、ファウルズ〔最初は三人称で提示され、続いて一人称を引き受ける〕(訳注8)はすでに終わりに近い物語――というのもこの小説はあと六章を残すだけなのだから――に介入するという点にある。とはいえここから、すべてが終わった時点で語り手が遅すぎる介入をしたという結論を導いてはならない。というのもこの闖入は――闖入といっても声を発することなく、この段階では純粋に〔主人公を〕眺めるだけなのだが――最後の瞬間に二つの結末を提示し、読者の選択に任せるという有名な物語上の力業を予告するからだ。そしてそれを行う作者は、あたかもこの段階ではメタレプシス的〈旅行者／のぞき魔（voy(ag)eur)〉に留まりながら、あとで登場人物に呼びかけたり物理的に接近することなどではなく、もっとこの力業を激しくして「全能」の名で彼らの運命を変えたり、あるいはそれを分岐させてやろうと準備をしているかのようである（この「全能」というのは彼の言葉である。これは明らかに、古典的小説家のおとなしい「全知」よりも、ディドロやロブ＝グリエ(37)のような作家が騒々しく、あるいは密やかに行う介入と通じている）――この「全能」とは、自らの創造物を興味深げに観察しながら「まったく、お前を使ってあと何ができるというのか」と自問自答する創作者によって要求されるものである。この小説を基にしたカレル・ライスによる映画は、「メタ映画的」な手段（後出）により、二人の登場人物（サラとチャールズ）と、彼らの役を演じている二人の俳優、つまりメリル・ストリープとジェレミー・アイアンズの間の二重の関係をうまく利用することで、二股に分かれたこの最後を巧みに移しかえていたように記憶している。もちろん、二つの結末じたいは、ディケンズが『大いなる遺産』で行ったように、作者が悔悛することから起こる場合もありうるもので、ファウルズの小説にそれがあるからといって、まったくの革新というわけではない。事実バンジャマン・ジョルダーヌは、アンリ・トマの『ジョン・パーキンス』[38]に見られる例を私に教えてくれた。映画では、マーケティングの役割がますます肥大し、また映画の最終公開に先立って「代表的」とされる観客の一部に意見聴取を行うことで、最後の瞬間にこうした結末の入れ替えが行われることが次第に増えている。たしか『危険な情事（Fatal Attraction）』（エイドリアン・ライン、一九八七年）の結末がそうだったはずだ。また今日ではいささか不当に「インタラクティブ」と言われているＤＶＤの慣行に従って、商業的な特典（あるいはペナルティー）として相当虚しい選択肢が与えられることもあるが、こうしたことは遠からず完全に廃れるだろうと私は考えている。

＊

小説家としてのアラゴンは、概して『年代記』や『軽騎兵』連作のジオノと比べてより控えめであるというわけではないし、可能な場合にはさらにもう少し表に出る。だが特に執拗な作者の介入効果は、『聖週間』に示されている。よく知られているように、この歴史物語[39]〔この小説は一八一五年のナポレオン百日天下を時代背景としている）の全体をとおして、語り手は小説的な筋の展開に入り込んだ証言者＝年代記作家の立場を引き受けているのだが、それに加え、共有された独白や自由間接話法を用いて、気の向くままに、特に注意をよびかけたりもせず、登場人物の内的発話の中へと忍び込んでくるのである。それゆえ正しい方法によるなら、この語り手は作者であるルイ・アラゴンとは根源的に区別されるべきである――「マルセル」であろうとなかろうと、『失われた時を求めて』の語り手を、作者であるマルセル・プルーストから は、同じくらい――それ以上とはいわずとも――根源的に区別するべきであるように[40]。しかし第十三章で、この語り手がバンベルクに言及するところに話を戻そう。この地ではベルティエ元帥が死んだばかりである[訳注9]。ここに語り手は「足を踏み入れたことはなかった」のだが、他方でこの都市は、エルザ・トリオレの小説『廃墟の視察官』（ルイ、ありがとう）の枠組みとされている[訳注10]。さらに最終章の、アルトワ伯が小休止するためにやって来るアルマンティエールに近い農場の描写がまさに始まろうとするところになると、彼は急に話を中断してこう言うのだ。「しかしなんだって私は描写などしようというのだ。それはもう出来上がっている、私はそこに入る、この場所には見覚えがある……」これに続き、医療補佐アラゴンがこの場所を第三軽機械師団の兵士たちとともに通過した「一九四〇年五月二十六日から二十七日にかけての夜」が想起される――そしてこの思い出は、さらに同じ作家の別の小説からとられた二つの引用によって飾られる。それが『コミュニストたち』（「今から八年前のこの小説、生のように、そして私の生のように未完のこの小説」）である。前述の農場はこの小説ですでに描写されているのだが、とはいえそれは作者の個人的記憶としてではなく、別の小説的な筋立て、つまりやはり一九四〇年五月に設定された、主人公ジャン・ド・モンセイをめぐる筋立ての場として描写されているのだ。「それは四角い中庭を建物がぐるりと取り囲んでいる奇妙な農家である……」(41)こうしてみると、匿名の語り手の言説を腹話術的に語るために登場するのは、自らの戦争の記憶を掲げる『聖週間』の作者だけに留まらないということになる。ここにはまた『コミュニストたち』の作者も、かなり無造作な経済原則を掲げながら（一九四〇年に自分の目で見て、一九五一年にすでに描いたこの農場を、なぜ私は再び一八一五年を舞台にして描くのか？）、以前から彼が「コラージュ」と呼んでいる技法を用いて、ある小説の一ページを別の小説のページの間に挟み込むべく登場するのである。ここにまず見るべきは、批評家連中――どんな立場であれ悪質な読者――に対抗して、後に書かれた書物のパラテクストが明言することをやめない二冊の同族関係を例示するやり方ということになるが、同様にもしかすると一冊の本を別の本で救うやり方であるのかもしれない(訳注11)。いずれにせよメタレプシスは少なくとも二重である。一つは小説的物語世界からその物語世界外的な作者の自伝へと向かうメタレプシス、もう一つはその自伝から別の小説的物語世界へと向かったのちに、最初の小説的物語世界へと戻るメタレプシスである。

＊

『キャピテン・フラカス』を書いたもう一人の小説家が行うのは、派手さの点では劣るものの、積極さにおいては程度を同じくする別の種類の介入である。テオフィル・ゴーティエはこうした介入を行う特権を喜んで利用し、それを次のように意味深長な言葉で定式化する。「小説を書く作家は、当然その指にギュゲスの指輪〔回すと姿を隠すことができるとされる伝説の指輪〕をはめており、それによって不可視となる」[42]――つまり登場人物たちの意識を好きなように探査できる不可視と全知を備えているということだ。周知のように、古典主義、ロマン主義、そしてリアリズムのいずれでも、小説家の職業（ゴーティエはこれらすべてを備えており、加えてネオ・バロック的でもある）と結びついたこの特権に驚くべきところはまるでない。だがこの特権が平凡ならざる条件で、すなわち小説フィクションと劇の上演の境界で、そしてこの新たな「喜劇小説（roman comique）」――少なくともスカロン以来、これは「俳優たちの小説（roman des comédiens）」を意味する[訳注12]――のかなり奇妙な場面において、発揮されるのをこれから見てゆこう。

　この場面を支配する手法を描き出すためには、まずそれが位置するフィクション世界の特徴を想起しておく必要がある。まず、ほとんどの登場人物は「登場人物＝俳優」である。女主人公のイザベルを抱え、主人公シゴニャックもすぐに加わることになるこの物語の中心的集団は旅役者の一座だが、これはとりわけ若きジャン＝バティスト・ポクラン〔モリエールの本名〕の「盛名座」に歴史的なモデルをとり、また副次的には――滑稽《ビュルレスク》な性質を別にすれば――フィクション上のモデルを前述の「喜劇小説」の一座にとっている。フラカスの一座は九人の役者たちから構成されるが、その一人マタモールは、第六章で早々に都合良く死に、自らの役どころをシゴニャックに明け渡す。以下がその九人の男優と女優である。〔生娘〕イザベル役のイザベル、艶女《ラ・コケット》役のドンナ・セラフィナもしくはセラフィーヌ、お目付女《ラ・デュエーニュ》役のダーム・レオナルド（「一座の高貴な母」）、小間使い《ラ・スーブレット》役のゼルビーヌ、レアンドル役のレアンドル（今なら主役級美男子と呼ばれるだろう「金髪男」）、衒学者《ル・ペダン》役のブラジウス、こちらは時に応じてボローニャの医師、高貴な父あるいは喜劇的老人（ジェロント、パンドルフ）となる。そして大ぼら吹き《ル・トランシュ＝モンターニュ》役（キャピタンあるいはロドモン）キャピテン・マタモール。彼は虚勢家《ル・マタモール》とも呼ばれ、フラカスと名前を変えたシゴニャックに取って代わられる役柄である。スカパン役のスカパン（イタリア的伝統でいうザンニ〔道化〕の一人）、悲劇的暴君《ル・ティラン》エロード〔ヘロデのフランス語読み〕（訳注13）。あるいはエロードという名に定冠詞を付けて呼ばれることもある彼は、座長役を務めている。私がこのように名前の一覧を入念に報告した理由は、呼称の曖昧さを示すためである。つまり右に言及したのは、小説の登場人物としての俳優たちの名前であると同時に、喜劇あるいは劇の主要登場人物としての、つまりは小説の筋立ての中でこの俳優たちが演ずる劇作品の登場人物としての名前なのである。彼らの劇団の演目は、コメディア・デラルテのイタリア的伝統に強い影響を受けているが、このよく知られた系譜の特別な重みについて大げさなことを言う必要はない。どのような伝統のものであれ、多少なりとも安定的に続く劇団の一座の成員に割り振られる役柄が、その成員の身体的あるいは心理的な特徴に多かれ少なかれ適応した慣習的なものになるのは当然だからだ。ここでとりわけ重要なのは、この（小説の）登場人物たちが、もちろんシゴニャック自身は除くとして、さまざまな程度において、彼らが舞台上で演ずる（劇の）登場人物あるいは役どころ以外の名前を持っていないという事実である。イザベルは一座の「イザベル役」、つまり若い主役級美女であるという理由でのみイザベルなのであり、セラフィナ、ゼルビーヌ、レオナルド、レアンドル、ブラジウス、エロード、スカパン、マタモールあるいは大ぼら吹き、そしてもちろんフラカス自身もまた、典型的な登場人物の名前なのである。そしてイザベル（*l'Isabelle*）、レアンドル（*le Léandre*）、スカパン（*le Scapin*）、エロード（*l'Hérode*）あるいはマタモール（*le Matamore*）といった定冠詞を用いた換称法〔訳注14〕が見事に示しているのは、これらの登場人物の名前自体が役の名前でもあること、つまりはほぼ普通名詞でもあることなのである。これらの名前の割り振りはかなり気まぐれであるが、そうした中で小説の物語世界においてある種の固有名的自律性を獲得し、その名前が劇に由来することを忘れさせるのはイザベルくらいである。だがこれが出生時につけられた名前でないことはもちろんであり、そもそもそれを私たちが知ることは決してない。要するに、ただシゴニャックのみが、小説の主人公として捉えられるか（シゴニャック男爵）、俳優＝登場人物として捉えられるか（キャピテン・フラカス）に応じて、二つの明確に区別された名＝称号を有しているのである。

このかなり巧みな固有名の策略は、登場人物たちの曖昧なステイタスに由来する物語上の策略に注意を向けさせる。彼らは小説の主要登場人物であると同時に劇の俳優＝主要登場人物でもあるのだが、そのため必然的に一方の次元から他方の次元へと、さらには——小説中では彼らの俳優という職業のみならず、彼らが喜劇や悲劇を演ずる劇作品も問題になるのだから——ひとつの物語世界（劇作品のそれ）から他方のもの、つまりは小説の物語世界への絶えざる移動が見られることになる。この点においてもっとも特徴的なエピソードは、「ほら吹き軍人

(*miles gloriosus*)」(訳注15)の役が、後に命を落とすマタモールによってまだ演じられていた時に、ブリュイエール城で一座が行った上演である。この〔マタモールという〕名前は、言うまでもなく、コルネイユの『舞台は夢』(一六三六年)を想起させずにはおかない。この場面のいくつかのディテールが明らかにここから取られているというだけでなく、さらにこの作品は、この小説全体にもっとも関係する参照項なのではないかと私には思える。というのもこのコルネイユの作品こそは、ゴーティエの時代において、さらには現在においてもなお、入れ子構造の劇ないしは「劇中劇」というバロック時代に典型的な手法を最高度に例証しているからである。要するに『キャピテン・フラカス』はここで「小説中劇」の一例を示しているということなのだが、そのことはより仔細に検討する価値がある。

＊

この劇作品のタイトルは『キャピテン・マタモールの大言壮語』と題されている。ゴーティエはこの作品をいかなる作者にも帰していないが、(43)こうした匿名状態は、大部分が即興でなされることもあるフランスやイタリアの笑劇にとってはよくあることだ。さらにこの一連の部分は、これが想像上の笑劇(ゴーティエは「滑稽劇(bouffonnade)」と言っている)であることをかなり明確に示している。ただしその構想は、プラウトゥスさらにはメナンドロスに遡る伝統のもっとも典型的なものでもある。それは次のようなものだ。イザベルとレアンドルという二人の美男美女が互いに愛し合っているが、その愛は自分の娘を珍妙なるマタモールにやりたいパンドルフ親父によって妨げられる。しかしそのマタモールはさっさとレアンドルにやっつけられ、おまけに老女レオナルドにもやりこめられ、彼女の振りかざす結婚の約束とやらを守るはめになる。こうして彼はパンドルフにも見捨てられ、そのパンドルフはとうとう娘をレアンドルに与えるというものだ。この上演についての物語と、それを通じて劇作品の筋を語った物語が、十二ページほどにわたって展開されている。[44] これは継続相を意味する半過去形の使用によって示されるように、どちらかといえば描写的な様態で始まる。「劇は良き町人パンドルフとその娘イザベルの口論から始まっていた。この娘は、若い伊達男と恋仲であったので、父親が惚れ込んだキャピテン・マタモロスとの結婚を頑なに拒んでいた。この娘の抵抗は、レアンドルからたっぷり金を受け取った召使いゼルビーヌによってがっちり加勢を受けていた……」(訳注16)

この総括的物語が直接提示しているのは、小説の俳優たちではなく、彼らが演じるメタ物語世界上に位置する劇作品の登場人物たちであるように思われる。だがすでに小説の俳優たちに慣れ親しんだ読者は、物語世界内の観客と同様、否応なしに彼らをその素性において認識することになる。劇作品内でスカートと胴着姿で扇情的に演技するのは、劇の登場人物であるゼルビーヌだが、舞台上で脚光に照らされ、客席のブリュイエール侯爵を誘惑するのは、女優としてのゼルビーヌだ。「この演技を客席が一体となって拍手喝采した。そしてこの小間使い役の逸品に目を付けた自分は良い趣味をしていると、ブリュイエール侯は小声で独り言を言った。」

そして語り手は、登場人物たるレアンドルについて、次のように高度に様式化された人物描写を行う。「それはレアンドルであった。父や後見人や夫たちからは蛇蝎の如く嫌われながら、人妻や娘や孤児たちには愛される人。要するに愛人、つまり夢みられ、待ち望まれ、探し求められる人、理想の約束を守り、詩や劇や小説にうたわれた空想を実現する人……。」だがここでのレアンドルは、激した様子の衣装によって引き立てられ、格好の良いポーズをとって静止した俳優のレアンドル、列席する「女たちの心を完全につかむ」レアンドルなのである。以下の巧みに配置された文は、彼の二重の役どころを見事に示している。「この無言の演技を利用して、レアンドルは手すりごしに誘惑者の視線を投げかけ、情熱的で懇願するような表情とともにそれを侯爵夫人の上に留めると、夫人は思わず顔を赤らめた。それから彼は精彩を欠き、ぼんやりした様子でその視線をイザベルの方へと移した。あたかも現実の愛と装われた愛の違いを示すかのように。」この二つの愛は実のところともに装われたものだが、ただしそれぞれが独自の世界に属しているのであって、両者はその意味《サンス》のうえでも方向性《サンス》のうえでもまったく異なっている。すなわちレアンドルが登場人物としてイザベルに向ける愛は、劇の二人の主人公同士のフィクショナルな情熱を表象するために舞台上で演じられたものだが、この同じレアンドルが俳優としてブリュイエール侯爵夫人に向ける愛は、（小説の）現実において、舞台から客席に向けて装われた、あるいは少なくとも誇張されたものである。そう言えるのは、美しい観客の女性〔侯爵夫人のこと〕を征服せんとしてそれを成し遂げるのが、俳優＝誘惑者――それゆえ私生活と舞台上で二重に俳優である者――だからであり、またこの愛の「現実性」も、まさしくこの意味において理解される。劇中の彼の情熱が装われたものだとしても、私生活での征服欲は本物であり、そして他でもしばしばそうであるように、「偽装」はここで欲望に仕えているのである。

　右にみたように、レアンドルが舞台に登場する時点をきっかけに、物語の体制は、次第に存在感を増して前景を占めるにいたる笑劇の筋に焦点を合わせつつ、半過去形から単純過去形、すなわち「叙事的汎過去形《プレテリット》」へと移行する。「レアンドルの姿が見えると、パンドルフの怒りは激高と化した。彼は娘と小間使いを家に帰したが、わずかな隙を突いて、ゼルビーヌはイザベル宛の恋文を自分のポケットに忍び込ませた……。(訳注17)」また、ここまで多少とも自由間接話法的に報告されてきた登場人物の話法も〔「パンドルフに浴びせられた侮辱に対し、厚かましい〈小間使い〉は、さっと反撃態勢をとって滅茶苦茶に常軌を逸したことを言い返し、それほどマタモールを愛しているのなら自分自身が結婚すればよいではないかと忠告した。彼女はといえば、自分の主人があんなならず者の、あんな薄馬鹿面の、葡萄畑がお似合いの案山子野郎の妻になるなど、ぜったいに耐えがたいのであった……」〕、この〔単純過去形を用いた「叙事的」語りの〕新体制に即して確立しはじめる。「父親と二人きりでいた若者は、考えられる限りの丁重さをもって、彼の意図が誠実なもので、自分の頭には神聖なる絆を結ぶことしかないこと、そして自分の生まれが良いことを確約した……。(訳注18)」しかしながらマタモールがやって来ると、つまり〔作中内劇の〕タイトルを担う喜劇の中心人物がやって来ると、言葉は直接話法として自律しはじめる。「〔……〕手すりの前でポーズをとり、彼はホラと誇張と虚勢が詰まった演説を始めた。以下がそのだいたいの内容だが、これはこの劇作品の作者がマタモールの系譜の先祖であるプラウトゥスの『ほら吹き軍人』を読んだことを学識ある人びとに証明するものとなろう。『今日のところはな、スカパンよ〔ここではマタモールの従僕〕、わしはしばし我が殺人剣を鞘にいれておくとしようか。いつもは大口で請け負っておる墓場を埋める連中の調達も、今日は医者どもに任せてやろう。わしのように、ペルシャ王の王位を奪い、髭をつかんでアルモラバカンを陣地から引きずり出し、もう一方の手で一万人の不逞なトルコ人を殺したとなれば……』」これに長ぜりふが続き、そこでキャピテン〔マタモール〕は、自分が雷鳴とどろくヒロイズムからイザベルに対する内気な愛へと一時的に転向したと述べるのだが、言うまでもなくこの長ぜりふは、コルネイユ『舞台は夢』第二幕でのマタモールによる長ぜりふに着想をえたものだ。

劇中劇という手法もそうだが、それにこのマタモールという登場人物、すなわち偽物の勇敢さと本物の臆病、そして珍妙《グロテスク》に裏切られる恋の自惚れの間でつねに引き裂かれた人物を合わせてみると、この小説のもっとも強力なモデルはやはり『舞台は夢』であるように思われる。この小説では、筋書きと同様に文体の次元においてもイペルテクスト的特徴が得々と強調されるのだが、そのイポテクストは明らかにこの演劇作品だけではなくバロック時代の文学全体である。(訳注19) ゴーティエが、この時代の文学についての一連の研究を、一八四四年に『グロテスクな人びと』という題のもとにまとめていたことを、ここで思い起こしておいても良いだろう。

＊

しかしメタ物語世界的装置の特性は、それらの侵犯を引き寄せるということにある。そしてその侵犯こそが、私たちが目下扱っている文彩《フィギュール》を与えるのである。ここで扱う場面でもっとも独創的なメタレプシス的手法は、ここで語られているのがただ劇作品の上演についてのみだとしつつ、この紋中紋的な笑劇の登場人物を、あたかもいまだにそれを入れ子にする側の小説の登場人物であるかのように扱い、それによっていわば劇作品の筋書きに小説の物語様式を導入することにある。先に私は、マタモールの長広舌ならびに彼が従僕のスカパンとかわす対話が、物語言説《レシ》に侵入していることを指摘した。事実マタモールとスカパンは、笑劇の登場人物と同時に小説の登場人物でもある。だが〔侵犯が〕クライマックスに達するのは、語り手が小説の登場人物の思考の中にではなく——全知の作者にしてみればそんなことはなんでもない——、劇の登場人物の思考の中へと読者を導く時である。劇作品の作者自身ならば、こうしたことを自分に許したりはしないし、それゆえ「レアンドルの姿が見えると、パンドルフの怒りは激高と化した」とか、「マタモールは、決闘が中断されれば良いと強く思っていた」とか、「この失敗にもかかわらず、マタモールの雄々しさに対する疑いが、頑迷な老人パンドルフの心に兆すことはいささかもなく、彼は自分の娘にこの素晴らしい殿を夫として与えるという突飛な考えに固執した」とか、さらには「マタモールはこの冷ややかな応対を、過剰な慎みのせいであるとした。育ちの良い人びとにあっては、情熱は表に出ることを好まないものである」などと言うこともない。束の間に現れるものであれ、これらの徴候は、法律用語式にいうなら、物語的侵犯罪という違法行為を十分に構成する。この章の語り手は、観客席に座る観客の視点を一貫してとることになっており、そもそも俳優たちが舞台上で演じる虚構の登場人物たちの感情に、観客が直接アクセスすることは決してないということを考慮するなら、ここでの違法行為はとりわけ大胆なものとなる。物語の法規《コード》に対してゴーティエが行ったこうした違反は、それゆえ一劇作品の物語化《ナラティヴ》のみならず、その虚構化、すなわち本来なら公になる劇の上演部分のみを扱うべき物語言説《レシ》に、登場人物の主観も含めた劇作品全体を取り込んでしまったという点にある。ここでケーテ・ハンブルガーが述べた原理、すなわちただフィクションの物語言説《レシ》だけが、第三者の主観へのアクセスを与えることができるという原理が想起されても良いだろう。[45] 私はこれに自分自身の発案を付け加えたい——そのようなことができるのは、単に、物語言説《レシ》が第三者の主観を表象すると主張しながら、実際はそれを創作しているからなのだ、と。こうした典型的にフィクショナルな発話によって与えられるのが、小説内の劇作品に限られないことはもちろんだ。それらはまた、劇作品内の小説あるいはむしろ劇作品の小説、つまり今日では映画を小説に転換する際に言われるように、一時的に「ノベライズ」された劇作品をも生じさせるのである。

　それが実践される点がどれほど狭小であろうとも、このようなフィクション術（tour de fiction）——奇術（tour de magie）という表現にならってこう言おう——は、ボルヘスが『ドン・

キホーテ』をめぐって喚起し、また本書でも後述する「部分的魔術」にかなり接近し、かつその新たな例証になっているように思われる。(訳注20)『キャピテン・フラカス』の部分的魔術とは、むしろ〔語り手に中継された〕観客が、一時的に演劇の登場人物の意識に入り、それを経験できることを示唆するものだ。たしかに一時的にではあるのだが、ひょっとするとそれは相互的かもしれない。なぜなら世界は舞台であり、そして人生は夢想なのだから。

＊

ゴーティエが極限まで押し進めたノベライズ効果は、それがそもそも虚構的な文脈の中で機能することによっておそらく助長されている。というのもマタモールの『大言壮語』が「演じられる」のは、フラカスの小説の内部であるからだ。だが、こうした文脈がなければノベライズ効果が生じないわけではまったくない。たとえばアレクサンドル・デュマが、『回想録』の中で、一八二三年のある晩にポルト・サン゠マルタンの劇場で掛けられた、どうやら匿名のメロドラマである『吸血鬼』の上演について報告するときなどにも、(46)この効果が用いられている。とはいえ回想録作者は、劇の上演をこのように物語へと移し替える際に、〔物語に典型的な時制である〕単純過去形を用いる危険は冒さない。この物語の主要な部分は現在形で進められているが、これはメロドラマの筋を舞台空間の中に保つ描写的時制であって、劇作家を志す若者は、その空間の中でこれが上演されるのを見るというわけである。だが私はずいぶん昔に、おそらくは記事がより生き生きと、あるいはエレガントになると信じてのことだろうが、批評家が映画の「筋書き」を汎過去形《プレテリット》で書いているジャーナリスティックな批評をいくつか（幸いなことに数は少ない）読んだことがあるように記憶している〔ここでの「汎過去形」は単純過去形と同義〕。このような文法的着想は、実のところ魅力的というよりは気詰まりにさせるものであったのだが、今になってようやく事後的にこの気詰まりの性質を分析できるようになった。それは「叙事的」、つまり私たちにしてみれば小説的な汎過去形が存在すると、それだけで映画の説明（ないしはその分野の事典項目で書かれるような要約）が、その筋についての直接的な物語へと置き換えられ、そうすることによってフィルムという媒体それ自体が無化されてしまう――言い換えるなら、フィルムこそは説明をしたり芸術的注釈を付けうる対象となる作品であるのに、そうした対象が根本的に失われてしまうということである。ヴァインリヒが(47)「注釈的」時間（とりわけ現在形）と「物語的」時間（とりわけ単純過去形）を、より広くは「注釈された世界」と「語られた世界」を区別しているのは理由のないことではない。この観点からすれば、ある劇作品（あるいは映画、小説、歴史物語）について「語る」ことは、正確に言うと物語的行為ではなく、むしろ注釈行為の記述的支持体である。私が会話や説明、あるいは批評的著作で言及する映画、劇作品、小説、歴史物語は、それ自体としては「語られた世界」ではなく「注釈された世界」に属している。そして（作品についての）描写的現在形を放棄して（筋についての）物語的汎過去形を採用することにより、表象媒体を突き抜け、表象する対象を直接引き受けるという暴力行為、言うなればこうしたメタレプシス的暴力行為は、作品を記述する注釈のあり方とは明らかに無縁のものである。これは単に、批評行為をフィクションの体制へといきなり転換してしまうということなのだ。この侵犯はたしかに犯罪ではないが、ここにおいて、そして他でも、人が何を行い、またそこからいかなる結果が生ずるのかを知っておく価値はあるだろう。

*

ゴーティエの小説の中で語られた劇作品が示すのは、厳密に物語的なメタレプシスと、バロック劇あるいは古典や現代におけるそのいくつかの変種から愉悦を生じさせる劇的メタレプシスの間にみられる、混合的ないし中間的なケースである。〔スカロンの〕『喜劇小説』と〔部分的だが〕『ヴィルヘルム・マイスターの修業時代』に続いて現れた『キャピテン・フラカス』が俳優たちの小説であるなら、すでに言及した『舞台は夢』や、ロトルーの『真説聖ゲネシウス』（訳注21）、モリエールの『ヴェルサイユ即興劇』やその続編となるジロドゥーの『パリの即興劇』、ないしはピランデッロの『今晩は即興で演じます』〔その間にゴルドーニの『喜劇』が入る〕は、物語世界上の登場人物たちがいくつかの場面で俳優となってメタ物語世界的登場人物を演ずる、「俳優《コメディアン》たちの喜劇《コメディ》」〔『真説聖ゲネシウス』は当然悲劇だが〕なのである。『舞台は夢』において、一次的登場人物〔メタレベルに属していない人物ということ〕は、魔術師アルカンドルと共通の友人によって彼のもとに連れられてきた客であるプリダマンのみであり、魔術師が行うのは、プリダマンのために行方不明になった彼の息子クランドールをただ「出現」させることでしかない（訳注22）。クランドールは一度たりともこの第二の水準を離れない。ところで魔法によって出現したこの息子は、途中で役者となり、悲劇へと転ずる喜劇で役を演ずることになるのだが、父親の方は、最後の場面で〔この作中劇の〕本当のステイタスが明らかにされるまで、それを現実のものと捉える。すなわちプリダマンは自分の息子が出現するのを見たものの、それは本来の彼のものではない役柄において見た。つまり彼は自分の息子が生き、そして死ぬのを見たと信じたのだが、実際には息子が演じた登場人物が「生き」そして「死ぬ」のを見たというわけである。それゆえメタレプシスは、ただこの誤解あるいは「幻影」のうちにしか存在しない。この「幻影」こそは、入れ子にする劇作品のタイトルとなり（入れ子にされる劇作品のほうにはタイトルがない）、欺かれた観客をして潜在的に表象の位相を越えさせるものなのだ（訳注23）。仮にプリダマンが、危険にさらされている息子を救いだそうと、自分に見せられているメタ物語世界の中に飛び込んでいたのなら、このメタレプシスは現実のものとなっていただろう。だがコルネイユは、この遊戯をそこまで突き詰めようとはしなかった。そこまでしていたら、息子の出現の「魔術的」性格が難しくなってしまったはずだ。だが私たちは、この種の乱入が可能であることを知っている。そのもっともありふれたかたちは、ギニョルに向かって憲兵が近づいてくるのを知らせようと声を張り上げる子どもであり、もっとも物理的なかたちは、『ドン・キホーテ』（続編第二十六章）で、怒りっぽい騎士がペドロ親方の舞台に登り、マルシル王のモール人たち――幸運なことに厚紙製のマリオネットでしかなかった――を長剣で殺戮しようとしたあのエピソードである。たしかに私たちからすると、ドン・キホーテの非現実性は、彼の錯覚から生じた犠牲者たち、つまり二次的にフィクショナルな存在の非現実性とほぼ同程度である。だがより歴史的な領域に目を向け、少なくともスタンダールを信ずるならば、一八二二年八月にボルティモアの劇場の舞台でオセロを演じていた生身の役者が、これよりもうすこし深刻なメタレプシス的攻撃の被害者となった事実が認められる。「私のいるところで、忌々しい黒人が白人の女を殺したなどと絶対に言わせない」と見張りに立っていた兵士が叫びながら銃を一発ぶっ放し、その役者の腕を折ったというわけだ。スタンダールはこう注釈する。「まさしくこの兵士は幻影を抱いており、舞台上で行われていた行為が本物であると信じていたのである[48]。」

ラ・マンチャの小貴族《イダルゴ》から南部連合の兵士にいたるまで、ここで見たメタレプシス的振る舞いは、プリダマンと同様、フィクションを現実とみなすという幻影にその原因があり、フィクションと現実を隔てる境界を飛び越えたという錯覚にその内容がある。飛び越えたという錯覚と述べたのは、復讐の怒りに駆られた両者ともに、自分が狙いを付けた登場人物を打ちのめしたわけではまったくなく、実際に攻撃を受けたのは、それを演じた生身あるいは厚紙製の役者であったからだ——従って、この二人はある一つの現実、つまり役者やマリオネットという現実を、彼らがフィクション（彼らにとってはそうではないのだが）のうちに見ていると信じているもう一つ別の現実と捉えたのだと言うことも十分にできるだろうし、また、そう言った方がむしろ良いのかもしれない。ゲネシウスのケースはより微妙だ。なぜなら、二人の皇帝ディオクレティアヌスとマクシミアヌスの前で、キリスト教の殉教者アドリアノという登場人物を演じるこの俳優は、一連の場面の中で彼が演じている役に熱中し、自分自身が殉教者を引き受けるまでになってしまうからである。ここで生じている一つの水準から別の水準への移行——それは段階的で、また完全に内面的なものなのだが——は、まず物語世界の観客と彼以外の俳優たちを困惑させ、その後で観客の憤激と俳優たちの驚愕を引き起こすことになる。出版されたテクストであれば、長ぜりふのいくつかをブレヒトがのちに「異化」と呼ぶような引用符にいれることで、水準が異なることを示せるのだが、この劇作品の（物語世界外的な）現実の観客の方は、〔演技という〕模倣が織り成すこの迷路の中で迷うように定められているのである。

*

「俳優《コメディアン》たちの喜劇《コメディ》」という表現は『ヴェルサイユ即興劇』からとられている。この作品では、ベジャール嬢がモリエールに彼が育んでいた「俳優たちの喜劇」を作る計画を思い出させるのだが、それがまさに果たされようとしている。（訳注24）というのも、この劇のほとんどの登場人物は彼の一座（「ムッシューの一座」）（訳注25）のメンバーであり、彼らがリハーサルというよりはむしろ即興劇の準備をする、つまり実際には、私たち観客の前で、入れ子状にされた即興劇を演じているからだ。配役はモリエールによる。彼自身とラ・グランジュは侯爵、ブレクールは「貴人」、デュ・パルクは「もったいぶった侯爵夫人」等々といった具合である。こうしてメタ物語世界的な即興劇のセリフが、「リハーサル」ないしはむしろ全員で行う劇の調整のセリフと交互に現れることになる。出版されたテクストで前者のセリフを示すのは引用符であるが、この印は舞台上になると、演じられた登場人物に特有の声のトーンや身振りに取って代わられることになる。ここではメタレプシスが、役の交替と、ブレクール＝俳優にしかるべき演じ方を指示するために、ブレクール＝騎士《シュヴァリエ》の役を「モリエール」が奪うやり方に見られる。「待ってくれ。この部分は全体をもっと強調しなけりゃならない。僕がやるのをちょっと聞いてくれ……」こうして彼はその前にある侯爵役の自分のセリフとそれに対する騎士役のブレクールの返答を再び取り上げ、それをそのままページ全体にわたって続ける。そうすることで彼が行うのは、俳優ブレクールの皮を被りながら――つまりブレクールに舞台上での演技の仕方を指示するために予めその役を演じながら――喜劇作家としての自分自身をひけらかして語ることであり、さらには三次的階層において、彼がつねに「題材」としている社交界の滑稽な人びとを演じることでもある。(訳注26) こうした妙技の披露は、明らかに作者と俳優を兼ねたモリエールを称えるためのものである。だがこれを上演することで自らの価値を引き立たせる人々自身の手で、まずは「ヴェルサイユで王のために」、次いで「パレ＝ロワイヤルの劇場で公衆に向けて」これが演じられるとき、その妙技の意味が完全に明らかになるのである。(訳注27)

　この二重、三重の遊戯が再現されることはもはやない。というのも、一つの世代から別の世代へとこの劇作品を演じ継ぐことができるのは、別の役者たちでしかないからだ。この作品の意図と功績が、自分自身の喜劇を演ずるモリエールを演ずるジャン＝バティスト・ポクランその人を舞台にのせることにあるのは言うまでもないが、このナルシシズム的な眩惑が持続するのは一つのシーズンに限られているのである。それゆえもっとも賢明なやり方は、『ヴェルサイユの即興劇』を「再演」するのではなく、新たな集団的「即興」を行う新たな一座を舞台にのせる新たな『即興劇』を書くことだろう。即興劇をアップデートするだけではなく、それに加えて（それ自体も『お嫁さん学校批判』の参照に事欠かないが[訳注28]）オリジナルの即興劇への参照と、そこからの借用によって趣向を添えるのである。「モリエールを試してみろ。当たりは確実だ。」これが一九三七年十二月四日にアテネ座で初演された、ジロドゥーによる『パリの即興劇』最初のセリフである。この作品の主要登場人物は、ルイ・ジューヴェ（一八八七〜一九五一年。二十世紀前半のフランスを代表する俳優、演出家）、ピエール・ルノワール（一八八五〜一九五二年。俳優。印象派の画家ルノワールの息子）、そしてマドレーヌ・オズレー（一九〇八〜一九八九年。ベルギー出身の俳優）であり、それを演じるのはもちろん本人たちである。そしてこの状況は、またもや束の間のものという刻印を押されている――そしてそれは『ヴェルサイユの即興劇』よりも一層こちらにあてはまる。というのも、時代的にきわめて近いという理由から、今日の役者にジューヴェの役をやらせるのは（この俳優のよく知られたせりふ回しは真似できるものであるにせよ）、モリエールの役をやらせることよりもさらに複雑微妙な問題をはらむであろうからだ。一方、一座の長はもはや作者ではない。ジロドゥーが自分自身の役――それは劇中に存在しない――を演ずるために舞台に立つことはないのである。

　こうした細部を別にすれば、すべてが演劇を称えるために、というメッセージは同じである。「すべて悪い方向に行きそうだ。だが演劇がある！」これはすでに（ピランデッロの）『今晩は即興で演じます』（一九三〇年）のメッセージでもあった。フランスではピトエフ一座によって初演されたこの作品では、モリエールやジロドゥーに比べると俳優たちの人格が目立つことはないものの、メタレプシス的遊戯は劇場それ自体を占めるものとなっている。演出家は、リハーサルであると同時に心理ドラマでもあるものを自分の椅子から指揮し、「観客たち」が話の筋に介入する。「どうにもならない固定性、どうにもならない孤独から作品を引っ張り出す唯一の芸術である舞台芸術は、おそらくそれだからこそ、あらゆる芸術のうちでもっとも美しく、もっとも悲劇的なのだろう。それは人生と同じように生き、人生と同じように死を迎える……。」即興劇（ピランデッロの作品のフランス語タイトル〔*Ce soir on improvise*〕――イタリア語の原題 *Questa sera si recita a soggetto* の字義通りの翻訳――が、この語〔「即興劇」を意味する impromptu〕と呼応しているのは言うまでもない）が、次第に演劇ジャンルらしきものになっていったことが見て取れる。このジャンルらしきものは、おそらくコメディア・デラルテの自己反映的な滑稽さから派生したもので、演劇はそれを通じてそれ自体を考察対象とし、また可能なら自己賞讃の対象とするのである。だがここで忘れてならないのが、古典的な上演の制度と私たちの時代のそれとの間にある顕著な違いである。近代劇に備わる潜在的な「第四の壁」は、舞台と客席との間で生じるやりとりや侵犯――それが存在するときには――の効果に対する私たちの感覚を非常に高めるものであるが、幾人かの観客が実際に舞台の脇を占めることで役者たちと同じ次元に、あるいは言うなれば彼らが演ずる登場人物と同一空間の中に身を置いていた十七世紀の演劇において、それはずっと消極的な働きしか持たなかったのである。ルネ・ブレイは次のように述べている。「十七世紀半ば、さらにはより後の時代においてすら、ステージ両側に設置された席を占める特権的観客によって、舞台に人だかりができていたことは知られている。彼らは好きなように舞台に出入りし、声を低めることなくおしゃべりし、そうして真のスペクタクルを犠牲にして自分たち自身をスペクタクルとして供していたのである。[49]」こうした特権的観客にとって、舞台上の行為〔筋〕に干渉するべく物理的に越えるべきものは一つもない。彼らが実際にそうした干渉をしたこともあっただろう。そうなるとこの種のメタレプシスは平凡な出来事となり、冒涜などではまったくなくなるのである。

＊

一九六四年にベルリンで初演されたペーター・ヴァイスの劇作品『サド侯爵の演出のもとにシャラントン精神病院の演劇集団によって上演されたジャン゠ポール・マラーの迫害と暗殺』（略称『マラー゠サド[50]』）が舞台化しているのは、即興やリハーサルではない。それはサド侯爵の完成させた劇作品が、一八〇三年から一八一四年にかけて〔より正確には帝政期に〕彼がこの病院に収容されていた間に、作者と演出家を兼ねたこの人物自身の立ち会いのもとでなされた上演である。上演された筋立ては、その名のとおり一七九三年七月十三日に起きたシャルロット・コルデーによるマラーの暗殺であり、その登場人物は、有名な二人の主人公の他に、マラーの愛人であったシモーヌ・エヴラールとジロンド派議員のデュペレ、そしてかつては神父であった「過激派《アンラジェ》」ジャック・ルーである。だがト書きを見れば分かることであるが、これら四人〔正しくは五人だと思われる〕の登場人物は精神病院の在院患者によって演じられ、しかも彼らはこの精神病院の働き手となっている修道女たちによって厳重に監督され、場合によっては制御されるのである。「ジャック・ルー」は一種の拘束衣によってほぼ束縛されている状態であるし、デュペレを演ずる役者は並外れた色情狂で、シャルロットの恋人という役につけこんで、彼女に性的乱暴を加える機会を逃さない。そして彼女のほうは、倒れないようにするために、看護師たちが常に支えていなければならないのである。それゆえ私たちが舞台上で動いているのを見るのは、演じられている登場人物であると同程度に――それ以上にとは言わないにしても――それを演じているアマチュアの病人＝俳優ということになる。さらに彼らのまわりには、歌い手やエキストラ役を担う他の病人たちのみならず、〈布告役〉やとりわけサド本人、そして病院の院長で時には劇作品の進行に不同意を唱えるクールミエといった物語世界外的な進行係がおり、やはり言葉を発しているのである〔クールミエ「私はこうしたやり方に対して抗議する。この一節を削除することで私たちは合意していた」〕。上演される劇作品の筋〔マラーの暗殺〕は一七九三年に位置しているが、やはり同じ舞台で上演されるこれを上演するほうの筋は、幾度か言明されるとおり一八〇八年に位置している。さらに作者＝舞台監督のサドが言葉をかけていることになっている相手は、マラーを演ずる役者ではなく、その役者を通じて、また揺れ動く時間を通じて語りかけられる〈人民の友〉その人〔「いいかい、マラー……」〕、つまり周知の通り十五年前に世を去っていた人物なのである。メタレプシス的侵犯はここで頂点に達するが、そうした事態が生じるのは狂乱的領域においてであって、精神錯乱と監禁という姿をとるその領域は、古典的即興劇にみられる遊戯的空想よりも、ブレヒト的異化が備える教育的な深刻さとより深い関係を持っているのである。

＊

『病は気から』の幕が下り、第二幕のいささか荒っぽい場面〔アルガンが娘のルイゾンを鞭打つ場面がある〕で対立したにもかかわらず、アルガンがルイゾンの手を取って（「娘よ、こっちへ」）、彼女にも拍手喝采を浴びさせるためにフットライトのほうへと連れて行ったのを見て、これまで一度も劇場に連れて来られたことのなかった私の知人の女の子は驚いていた。この子が驚いたのは、病人、医者、邪魔されたり結びついたりした恋人たちからなる登場人物が、突如として彼らの特性を捨て、〔俳優という〕職業人として、自分たちがこれまでものの見事に無視してきた観客に挨拶をしに来るのを見たからかもしれない。ピエール・ダックとフランシス・ブランシュによる半分即興の有名なコントで、相方が出し抜けにサー・ラビンドラナー・デュヴァルに言う。「とりわけ分かったのは、あなたがもう自分の台本を覚えてないってことですよ。」(訳注29) 実のところ、これはフィクションの魔術師ではなく、この日にいささか酒を飲み過ぎた現実世界の俳優の言葉なのだが、とはいえ魔術師とその相方役を「演ずる」俳優の間で交わされるこの傍白を、逆説的なことに観客はこの二人の登場人物を通して聞き取るのであって、まさにこうした役割の逆転こそが、この場面の面白味を生んでいるのである。フィクションの登場人物から、言葉あるいは少なくとも仕草や身振りによって現実の視聴者や舞台上の仲間と意思疎通をする生身の俳優への突然の移行、このまったくもってメタレプシス的な移行が、場慣れした観客たちを真に驚かせることはもはやない。こうした観客は、エティエンヌ・スリオ[51]がより広く「表象芸術（arts représentatifs）」――その語が十分示すように、演劇の上演（représentation théâtrale）が代表例となっている芸術の範疇――について、存在論的二重化と形容したこの曖昧さの認識を、特に理解することなく劇芸術に関する自己の能力に組み込んでいるのである〔« représentation »は「表象」一般と同時に劇の「上演」も意味する〕。こうした観客は、経験を欠いた子どもが示すような仰天や疑念、あるいは憤慨といった様態でこの二重化を認識することはもはやないが、実際のところは上演そのものの間を通じてこれを利用し、かつ楽しんでいる。そのとき彼は、あるときは登場人物の振る舞いに、あるときは俳優のパフォーマンスに、そして間もなくするとこの両方に同時的に自分の注意を「適応」させ、俳優のパフォーマンスが彼に表象〔＝上演〕している登場人物の振る舞いに応じてこのパフォーマンスを評価しつづけるようになる（「彼はこの悪者の役だと良い」、「イゾルデが舞台に出る。彼女は美しいけれど、歌は下手だ」等々）。だが彼はそのことをあまり気にかけたりはせず、また、自分自身が行っている受容活動が、無意識的であるのと同程度に効果的なメタレプシスの実践に由来していることを疑ってもみないのである。右に述べた少女がこの異化のパラドックスを前にして覚えた健全な驚きを、この観客が再び見出し、また解釈するためには、ディドロやブレヒトを読み直さなければならないのだろう。

＊

ハワード・ホークスの熱狂的なコメディ『ヒズ・ガール・フライデー（His Girl Friday）』（一九四〇年）の中で、どのような理由によってかはもう覚えていないが、誰かが（ケイリー・グラント演ずる）主人公のウォルター・バーンズに、彼のライバルであるブルース・ボールドウィンの特徴を尋ねる。ウォルターの答えは、だいたい次のようなものである。「なに、俳優のラルフ・ベラミーに生き写しといったところだ。」ある人物を、相手が知っていそうな任意の別の人物、たとえば有名俳優との類似によって描写することは、「日常生活」においてはきわめてありふれたことである。そして言うまでもなくウォルターは、メタレプシス的効果どころか際だったシネフィル的暗示すら用いることなく、誰もが必要に応じてそうするはずのように、ブルースはエロル・フリンないしダグラス・フェアバンクスに似ていると請け合うことだってできたはずである。だがことは次のようになっている。察した向きもあろうが（もしずっと前から知っていたというのでなければ）、ブルース・ボールドウィンの役を演ずるのは……ラルフ・ベラミーその人なのだ。そうなると、一方を他方と比較するということは、フィクションの登場人物とそれを演じる現実の役者――その役者は完璧なるそっくりさんということになるのだが――という両者の間で、一種の形而上学的ギャグを構成することになる。それは類似性から同一性へと、カミソリの刃のように薄い変化を示すものだが、かなり大がかりな倒錯を示すギャグである。

*

この特徴はもちろん演劇作品の中にも見出されるだろうし、明らかな違いを別にすれば、とりわけベン・ヘクトとチャールズ・マッカーサーによる劇作品『ザ・フロント・ページ（The Front Page）』――ホークスの映画〔『ヒズ・ガール・フライデー』〕の元にもなった[52]――にも、おそらくすでに見出されるものである。だが実際のところ、映画はこの種の倒錯的効果に常に敏感でありつづけ、すべてが演劇に還元されるわけではない映画固有の手段に従って、いわばその始まりからそれを実践し続けてきた（自らの源泉を全体として示した由緒ある『工場の出口（Sortie des usines Lumière）』まで引き合いに出さなくとも[訳注30]、私が見つけたところでは、武田潔が自ら「自己反省的」と形容するこのジャンルを、一九〇二年の『映画を見るジョシュおじさん（Uncle Josh at the Moving Picture Show）』という示唆的なタイトルをもつ映画にまで遡らせている[53]）。舞台にのぼって役者を殺す――彼が演じる登場人物は殺せないから――ことは、間違いなく民事的にも刑事的にも法《ロワ》を犯す行為であるが、物理的法則《ロワ》を犯すことにはならない。この種の愚行は誰にでも可能であって、スタンダールが言及したボルティモアの兵士の例がはっきりと示しているように、他のフィクションによって頭脳を狂わされたドン・キホーテのごときフィクションの主人公でなくともそれを実行できる。他方、座席から離れてスクリーンを通り抜け、フィクションか否かを問わず映画の物語世界の中に入り込むということは、私たちの誰一人としてなし得るところではない。あるいはより正確に言うなら、スクリーンを裂くことは誰にでもできるが（私の理解が正しければ、ジョシュおじさんがやろうとしたのはほぼこれである）[訳注31]、この純粋に物理的な攻撃は、上映を妨げたり巻き添えにしたりすることはできるにしても、それによって映画の物語世界に達するということにはまったくならず、それゆえいかなるかたちのメタレプシスにもならないのである。物理的に不可能なこうした様態の侵犯は、フィクションの内部でしか生じないのである。この種のことは、小説的フィクションでもありうるだろうが（ただし私は一つの例も知らない）、それがしばしば見られるのは――特殊撮影という代価を払うにせよ――まさに映画フィクションである。

おそらくは（他にもある中から）ウッディ・アレンの映画『カイロの紫のバラ（Purple Rose of Cairo）』（一九八五年）の一シーンのことを話しているのだなと気がついた向きもあろう。ここでは逆に、映画の役者＝登場人物（この二つの審級の違いは目下のところ無視する）が「実際に」スクリーンを通り抜け、映画館にいる観客の女性（ミア・ファーロウ）のもとへと赴く。私の記憶が確かであれば、この運動は相互的という条件だったはずである。少なくとも俳優（もはや登場人物ではあり得ない）は、自分を素朴に信奉する女性に対し、それまでの彼女にとってはいかなるフィクションの空間とも同じくらい近づき得ない映画制作の神話的場所、すなわちハリウッドに連れて行くと約束をするのだ。[54] 同じ監督の『スターダスト・メモリー（Stardust

Memories)』（一九八〇年）では、どちらかというと夢のような場面、あるいは主観的な場面（実を言えば映画全体がそうなのだが）において、もっと怠惰な主人公の映画作家（そして映画作家の主人公）は、賞——死後に与えられたものだが——を受け取るのに、ただスクリーン越しに手を伸ばすだけである。(訳注32) またジェリー・ルイスの映画『底抜け男性No. 1（The Family Jewels）』（一九六五年）だと、ジェリーは客室のスクリーンで映画を上映している飛行機の客室乗務員である。飛行機は突然乱気流に見舞われ、ジェリーはスープの皿をひっくり返してしまう。だがその中身がぶちまけられたのは、乗客ではなく……二次的階層に位置する映画の登場人物だったのである。(55)(訳注33)

とはいえ、やはりフィクションという覆いの下でしか生じ得ないこの種の境界越えが、必然的に「現実」の水準とフィクションの水準を対峙させるわけではない。最近のコマーシャルで、テレビの前に座っている顧客に対し、入れ子状になったコマーシャル〔CM内のテレビに映っている二次的なCM〕に映っている銀行員が、奇妙な小窓を通して手を差し伸べているというものがあった。顧客はまず驚くが、しまいにはこのメタレプシス的な手を握るのである。これら二人の登場人物を（それほどではないが）隔てているのは、物語世界的な水準の違いでしかない。コマーシャルというフィクションの中で二次的水準に位置するテレビの銀行員は、一次的水準でテレビを見ている顧客と同じくらい「現実的」なのである。物語世界の水準の境界を越えること自体は必然的にフィクション（あるいは文彩）となるが、だからといってメタ物語世界が物語世界よりフィクション的であるということには必ずしもならないのである。仮に誰かがボナパルトの生涯についての現実のエピソードを私に語り、そこでアルコレの戦いの勝者〔ナポレオンのこと〕を手助けするべく、私がその物語内に物理的に闖入したとする。そのことが意味するのは、この〔ナポレオンについて語られた〕エピソードがフィクションだということではなく、〔私が行う〕この冒険が、「ただ単に」奇跡的であるか、あるいはフィクションであるかということなのである。

＊

演劇あるいは映画的フィクションの登場人物が自分のフィクション世界を離れ、劇場や映画館の〔それゆえ現実世界の〕人物のもとに赴くことは、こうした幻想的移動を可能にするそれ自体フィクショナルな文脈以外の場ではあり得ない。だが登場人物としては不可能なこうした振る舞いが、演劇や映画の役者にとっても不可能だというわけではまったくない。これは単に彼の日常生活――公衆の好奇心からはどれだけ守られているものであっても――の事象なのである。私は街中で、生身の〔おそらくは〕現に生きているイタリアの有名女優とすれ違う。このこと自体はきわめてありふれたことであり、幻想的なところは一切なく、そしてフィクション的メタ物語世界に訴えなければならない必然性もまったくない。サン゠ポール通り〔パリ四区マレ地区〕を彼女が散歩する際、彼女を保護すべき大切な隣人としかもはや捉えていない好意的な「沿道住民」は、何かにつけて彼女に話しかけ、「もし面倒に巻き込まれるようなことがあったら、私たちを呼ぶんだよ！」と言う。ただ、こうした状況において、単に思いがけない出会いをしたというだけでなく、むしろ現実（マレ地区）とフィクション（『山猫（Il gattopardo)』）が悩ましい衝突〔『山猫』でヒロインを演じたクラウディア・カルディナーレを念頭に置いている〕を起こしたような感情をいだく一般公衆が、これを馴染みのありふれた事態として受け取るとは限らない。この感情は、「ホンモノの彼女を見て、とっても妙な感じだった！」というような文にえてしてあらわれる。普段であれば、大きなものでも小さなものでもスクリーン上でしか見ることのない人物に、（触れたり話しかけたりできる）現実において出会うことは、どうしたところで物事の通常の道理に対する奇跡的侵犯として経験されるのである。〔カンヌ映画祭が行われる〕パレ・デ・フェスティバルの神話的な「レッドカーペット」、あるいは同じくらい熱狂を引き起こすサイン会のように、こうした驚異（prodige）を生じさせうるイベントに大衆が大挙して押し寄せる理由も、おおかたこの「不安にさせる異常さ」[訳注34]という戦慄に由来している――ただしこの場合に与えられるのは、おそらく不安よりも満足であるのだが。

　今日では、この公衆の大多数にとって、つまり私たちの「スペクタクルの社会」[訳注35]〔ギー・ドゥボールの用語〕の受け手――撞着語法を用いて、下界の受動的行為者（acteurs passifs）と言うとより良いかもしれない――にとって、上層世界の偉人たち（俳優はもちろん、成功した小説家、ショービズのスター、無謬を誇る決定者、鉄壁の詐欺師、自称「哲学者」、高レベルのスポーツマン、ロフトの男女[訳注36]、そしてそうした一過性の有名人ピラミッドの頂点にテレビニュースのアナウンサーとバラエティ番組の司会が位置する）は、ほぼ例外なくマスメディアの重要人物、「テレビで見た」、そしてそのことによって漠然とフィクション的な重要人物なのである。ウンベルト・エーコ（彼自身も……）はある日、自分が直接的な接触を保っているのは、中世の現実だけであるというようなことを公言していた。つまり写本や細密画、古い宝石、錆び付いた甲冑等々といったものである。それに加えて彼が言っていたのは、現代世界のほうは、ブラウン管（今日ならおそらくプラズマだろうが）以外の光が自分にはないということだった。さらにブルボン宮〔現在は国民議会議事堂〕の半円形会議場を訪れた少年の口から聞かれた（どこでかは推測して欲しい）のは、機知《グラヌム・サリス》をまるで欠いた次のような告白であった。「あの人をテレビで見たことはあったけど、本当にいるなんて思ってもみなかった。」それゆえ常の住処としている人工的《イン・ヴィトロ》なオリンポス山を降りたスターに、生身《イン・ヴィーヴォ》で――さらにはテレビ番組が良き民草に時々その機会を提供するように「自宅」で――出会うといったことは、凡俗の輩にしてみれば――周囲に漂う野次馬根性が増幅する効果もあり――魔法めいた出来事や奇跡的顕現以外のなにものでもないのである。「いまあんたを見てるみたいに、あの人を見たんだ！」ここから聖痕――少なくともいくつかのサインを求めること――は遠くない。

もっとも、この侵犯の感覚は逆方向にも十分機能しうる。インタビュー、雑報的事件、テレビ放映された試合などで、下界の民の市民が小さなスクリーン（さらには単に新聞の一ページ）に自分の知っている誰かが現れるのを見るときだ。先述の「テレビで見た」効果はこのとき新たな、いわば正反対だが心を乱すことには変わりない意味をもつ。「テレビで義姉を見るなんて、なんとも妙な感じだった！」時事を伝える不思議な小窓〔テレビのこと〕が物事をガラスの中に入れる力を発揮するやり方は一つならずある。今日におけるその最新の方法は、「リアリティショー（télé-réalité）」と呼ばれるいかがわしい合成物だ。これはいくつかの屈辱的な通過儀礼を経た後で、ホンモノのままテレビの中にいる自分を見ることを、そしてついにはエリート有名人《ピープル》のマスメディアに媒介された悪夢に手が届くようになることを、あらゆる人びとに約束するのである――「『ガラ』〔フランスのセレブ雑誌〕で私を見た？」というように。

*

『カイロの紫のバラ』や『底抜け男性No.1』が例となっていたメタレプシスの様式は、上映会場という「現実的」な領域と、たいていはフィクションである映画の〔メタ〕物語世界の領域を関係づけていた。マルクス兄弟の作品もこの次元で見られる効果に事欠かない。たとえばグルーチョが「観客たちに対し、お望みなら席から立ってこの場を去れるなんて恵まれていると言葉をかける。その間、哀れな役者である彼のほうは、自分の持ち場から離れられず……最後までいなければならないのに[56]」。だがマルク・セリズエロが「メタ映画」と呼ぶもの〔映画の世界――とくにハリウッドのスタジオ――より特定すれば映画の構想や制作の物語を内容とし、撮影途中のセットの空間とその様々な「舞台裏」を主要な場とする映画〕は、この遊戯に他のさまざまな機会を与える。周知の理由によって「ピランデッロ風」としばしば形容されるこの遊戯は、関係する二つの映画[57]の――たとえばスタンリー・ドーネンとジーン・ケリーによる現実の映画『雨に唄えば（Singin' in the Rain）』（一九五二年）と、この映画の中で虚構の映画会社社長シンプソンが撮らせているメタ物語世界的映画『決闘の騎士』のようなーー水準の間に見られるものだ。一九七三年には、フランソワ・トリュフォーが『アメリカの夜（La Nuit américaine）』を、屋外の長いショット＝シークエンスで始める。予備知識のない観客は、これを単にこの映画の最初のシーンとして受け止め、画面外《オフ》の声（このシーンを演出し「カット！」と言う監督の声ーーただし観客が必ずしも彼の声を「識別する」わけではない）が介入するときに初めて、これまで見てきたパリの街の出来事とされていたものがすべて、実はニースのヴィクトリーヌ・スタジオのセットでの撮影シーンであったことを理解するのである。実のところ、このシーンはトリュフォーの映画の物語世界にではなく、「フェラン」という虚構の映画監督が撮影している最中の映画（『パメラを紹介します』）の（メタ）物語世界に属している。これに続く映画全体が、このはめ込み構造に由来する曖昧さを大々的に利用するのは言うまでもない。まとめれば次のようになる。「場面《シーン》」はパリを舞台にしており、それをフェランが虚構的に撮影したもの（またそれ以外の紋中紋状にされた撮影部分）は、ヴィクトリーヌの出来事である。そしてこの虚構上の撮影をトリュフォーが現実に撮影したもの（また彼の映画のそれ以外の部分）も、またヴィクトリーヌの出来事であるーーだがこちらの撮影については、本物のドキュメンタリー的なメイキング・オブが（私が思うに）存在しないために（きっとそれは魅力的なものになっていただろう）、私たちは何一つ見ることがない。カメラが自分自身を写すことは（鏡に映ったものでもなければ）出来ないからである。私はここで「紋中紋（en abyme）」という言葉をほぼその固有の意味で用いている。というのも、物語世界内の映画監督である「フェラン」は、フランソワ・トリュフォーその人とはみなされないにしても、トリュフォー自身によって演じられており、それゆえトリュフォーは『ヴェルサイユ即興劇』のモリエールと同様、物語世界外での彼の人生と同じ役をこの物語世界内で演じている（すなわち同じ職業に従事しているとみなされる）からである。とはいえ単にある撮影の物語についての映画を作るという意図だけで、カメラの前後でのこうした二重の演技が生じたわけではまったくない。映画監督の役を別の俳優が十分に（あるいはより上手に）「演じる／肉体を与える（incarner）」こともありえたのである。よく知られているように、『ヘルザポッピン（Helzapoppin）』（一九四一年）のような滑稽《バーレスク》映画では、スタジオセットを通して、それゆえそこに無駄に作り出そうとしている物語世界を通して引き起こされる大騒ぎを大いに利用した。また推測するに（観ていないので推測するだけだが）、『ハリウッドのモンティ・パイソン（Monty Python at Hollywood）』（一九八四年）〔*Monty Python Live at the Hollywood Bowl*（1982）のことかと思われる〕もこの種の効果を惜しみなく使っただろう――それでこそ、このジャンルの可能性に期待がもてるというものだ。

＊

しかし二つの芸術をまたいで〈映画内演劇〉を演ずることも十分に可能である（その反対の〈演劇内映画〉は技術的により難しいが、不可能ではない）。たとえば、〔物語の〕外部に位置する一種のプロローグに続いて始まる『生きるべきか死ぬべきか（To Be or Not to Be）』（エルンスト・ルビッチ、一九四二年）の最初のシークエンスでは、ヒトラーについてのきわどい冗談をめぐってゲシュタポ士官たちが言い争った後、ヒトラー本人が「ハイル、私自身《マイセルフ》！」とわめきながらいきなり現れるのだが、これらすべては、カメラの動きと映画的特徴（またそれゆえこの文脈では「リアリズム」的、すなわち物語世界的特徴）を強調するショットの変化を伴う。だが次のショットが不意に明らかにするのは、劇場の最前列〔実際には舞台上〕に陣取って机を前にした演出家が口を挟み、この場面を批判する様子である（彼がこの舞台を、私たちのように切り取られ編集されたかたちで観るのは不可能であったことは言うまでもない）。彼が抗議するのは、この（今では有名となった）ヒトラーのセリフが台本になく、演者が不当にも即興で作りだしたということである。こうして（映画の）観客は、ここまでがメタ物語世界における演劇の舞台上での出来事で、一九三九年の〔ポーランド〕侵攻の直前に、ポーランドの一座が『ゲシュタポ』という紋中紋状[58]の劇作品のリハーサルをしていたのだと理解する。私たちがヒトラーを演じていると思っていた（映画の）俳優は、実際にはヒトラーを演じている別の（演劇の）役者というわけだ。トリュフォー『終電車（Le Dernier métro）』（一九八〇年）の最後にある、マリオン・シュテネール（カトリーヌ・ドヌーヴ）がかつての恋人ベルナール・グランジェ（ジェラール・ドパルデュー）を病院の一室に訪ねるというシークエンスは、映画の「現実」的な物語世界内で起きているようにまずは思われる。しかしわずかに後退するトラッキング・ショットにより、ここでの会話は「モンマルトル劇場」の舞台上における出来事であったことが明らかにされ、幕がただちに下ろされる。すなわち私たちが見たのは、占領期間中は劇場の地下室に身を隠していたリュカ・シュテネールが、パリ解放のあとでようやく演出できるようになった劇作品の最後の場面だったのだ。それゆえ二人の主要登場人物はマリオンとベルナールではなく、彼らがこの劇作品の中で演じた、二次的階層のフィクショナルな登場人物であったということになる――そしてこのように二重にされた状況は、〔マリオンとベルナールの恋愛という〕主題上の戯れを、必然的にもたらすことにもなる。イヴ・ロベールの『我々はみな天国に行くだろう（Nous irons tous au Paradis）』（一九七七年）には、エティエンヌ（ジャン・ロシュフォール）が、自分の妻マルト（ダニエル・ドゥロルム）の不貞を犯している現場を取り押さえたと思い込む――そして観客もしばらくの間この間違いを共有する――のだが、実は彼女の熱烈な接吻は、『ベレニス』〔ラシーヌの作品〕の大いに「古い埃を払った」バージョンの演技に過ぎなかったという場面がある。ただし、この登場人物同士で交わされる演劇上の接吻は、そのまま舞台上の役者仲間同士の接吻でもあるわけだ。

キング・ヴィダーの『活動役者（Show People）』（一九二八年）にもこの状況に近いものがあるが、ただしそのメタレプシス的（また感情的）効果はより強調されている。俳優である二人の主人公が、映画の登場人物として虚構上の接吻をスタジオセットで交わさねばならないのだが、現実の情熱に囚われた彼らは、終わりを指示する「カット！」が発せられてもなおこれを続け、監督はこの高度に――二重の意味で――侵犯的なメタレプシスに終止符を打つことができないでいるというものだ。(訳注37)『恋をしましょう（Let's make Love）』（ジョージ・キューカー、一九六〇年）

には、間映画的暗示をもちいたこのシーンのリメークが一瞬見られる。それはイヴ・モンタン（が演ずる大富豪＝見習い中の歌手）とマリリン・モンロー（が演ずる本物の歌手）がやはり接吻を止めず、その間に仲間たちはそっとその場を去るというものである。だがここで行われているのはミュージカル劇のリハーサルにすぎず、そのために〈演技と見なされること〉と〈実体験と見なされること〉の間の距離はやや縮まることになる。ただ、〈実体験＝実体験〉において、モンタンとマリリンの関係が「舞台裏《バックステージ》で」一層進行したことも周知の事実であり、そしてこの付随的条件は、この場面を私たちが受容する仕方にいくらか影響を与えずにはおかない。「私生活」における役者同士の、場合によると夫婦関係（イヴ・モンタンとシモーヌ・シニョレ、ハンフリー・ボガートとローレン・バコール、キャサリン・ヘプバーンとスペンサー・トレイシー等々）は、しばしば舞台やスクリーン上の場面の意味を豊かにする性質を備えており、そしてプロデューサーは遠慮なくそれを利用する――つまりは事情通の観客（そうでない人などいるのだろうか？）が映画外現実と映画内虚構の間に認めるきわめてメタレプシス的な関係によってもたらされる可能性を、たっぷり利用するのである。『招かれざる客（Guess Who's Coming to Dinner）』（スタンリー・クレイマー、一九六七年）のような半＝メロドラマや、『黄昏（On Golden Pond）』（マーク・ライデル、一九八一年）のような映画の情動的負荷は、前者であればキャサリン・ヘップバーンと死亡記事が出たスペンサー・トレイシーの（ほぼ）二重の夫婦コンビが出ていることに[訳注38]、後者ではジェーン・フォンダとその父ヘンリー――没後の名誉を先取ったともいうべき（初めての！）オスカーを、死の間際にこの映画で受けた――との対決（これが初めてであったはずだ）に

多くを負っているのである。(訳注39)

さらにはブノワ・ジャコーの『トスカ（Tosca）』（二〇〇一年）を見る、あるいは見直してみよう。この映画では、「自然」と見なされる舞台装置（聖アンドレア・デラ・ヴァレ教会、ファルネーゼ宮、サンタンジェロ城）にて衣装をつけてカラー撮影されたオペラの場面と、普段着の歌手やオーケストラの音楽家たちが、「現実」と見なされるこのオペラの録音風景をモノクロで撮影したスタジオの場面とが交互に映し出される。ここで現実の歌手アンジェラ・ゲオルギューは、虚構の歌手フロリア・トスカが悲劇的な死を迎える演技を、まったく「自ずと」出た最後の安堵のため息で締めて際立たせている。ただしこれら全体が入念に演出され、何度も撮影されたものであることは言うまでもない。

＊

イペルフィルム性（hyperfilmicité）(59)(訳注40)の古典的な例である『ボギー！　俺も男だ（Play It Again, Sam）』（ハーバート・ロス、一九七二年）の最後の場面は、おそらく厳密な意味でのメタレプシスではなく（もっとも、私たちはすでにこの意味からやや離れているが）、むしろ部分的なリメークである。それは映画タイトルの根拠となっているイポフィルム（hypofilm）――マイケル・カーティスの『カサブランカ』（一九四三年）――にあるオリジナルのセリフを文字どおり引用したもので、さらにこのイペルフィルム（hyperfilm）の冒頭では、映画館のスクリーンに映し出され、ウッディ・アレン演ずるシネフィルが夢中になって観ている『カサブランカ』の最後のシークエンス（ハンフリー・ボガートとイングリッド・バーグマンによって演じられるの最後の離別）を、私たちもまた観るのである。この冒頭の映写は、もちろん引用以外の何物でもない。映画というものは（物理的に）複数の対象を持つオートグラフィックな作品であり、その断片は常に別の映画（それ以外に可能な媒体を私は知らないが）に「コピー＝ペースト」可能であることを考えれば、その引用の厳密さは文学が及ぶものではないということになる。だが私がいま扱いたい『ボギー！……』のシークエンスは、この映画自体の最後の場面のものである。ここではウッディ・アレンが、バーグマンの役を演ずるダイアン・キートンと一緒に『カサブランカ』の最後の場面を演ずるのだが、その時彼らはカーティスの映画のセリフを文字どおり繰り返して言う――一時間半前に、オリジナルの演者が演ずるのを聴き、観たのと同じセリフである。この場合では、引用はまさしく古典的（文学的）なものとなる。なぜなら映画のセリフとは、テクストの引用によってのみ再現可能となるアログラフィックな作品であるからだ[訳注41]。だがアレンとキートンというあらたな演者たちによるこのテクストの再演は、（アイロニーの有無はさておくとして）パロディー的な変形の一種となる。というのも、テクストの文言がまったく同一であるとしても、映像のほうは物真似のパフォーマンスのように類似したものでしかあり得ないからだ。それゆえこの映画では、あたかも『カサブランカ』の最後のシークエンスが、私たちが最初にそれを観たスクリーンを去り、それに固有の物語世界からそのパランプセストの物語世界へと移行する――セリフという点では文字どおりに、演技と演出という点では類推的に――かのような事態が進行しているのである。

＊

まったくもって映画に特有であると私には思われるもう一つの効果は、有名な俳優あるいは映画界のよく知られた人物が、一瞬でも長時間でもよいのだが、「自分自身の役」（彼自身として《アズ・ヒムセルフ》あるいは彼女自身として《アズ・ハーセルフ》）で映画に現れることによって、フィクション的物語世界の中にフィクション外的な現前性を導入することにある。これはマルク・セリズエロが正しくも「現実的な現前性」と形容したものである(60)――これは、スターの男優や女優が、通常は友人としてほんの脇役で「参加」する恩恵を映画に与える単なるゲストスターとは区別されねばならないステイタスだ。このゲストスターは、たとえば『シラノ・ド・ベルジュラック（Cyrano de Bergerac）』（一九九〇年）から抜け出してきたジェラール・ドパルデューとジャック・ウェベールが、同じジャン＝ポール・ラプノー〔監督〕の『屋根の上の軽騎兵（Le Hussard sur le toit）』（一九九五年）に出てくるというものである。だが思うに、スターがちらりと暗示的に出演することを、これら二つのステイタスのどちらかに決定できないこともありうる。たとえば数多くの自作を瞬間的に飾るあの腹の出た体型の持ち主が、ヒッチコックとしてのヒッチコックなのか、あるいは単なる誰某としてのヒッチコックなのかは常には決めがたいことであるし、そもそも観客にとってそれはほとんどどうでも良いことである。いつでもこれはアルフレッドからの挨拶なのだ。『活動役者』で一介の女優ペギーの役を演ずるマリオン・デイヴィスは、それに加えてマリオン・デイヴィスというスターとして出演し、キング・ヴィダーも本人として、さらにチャーリー・チャップリンもチャーリー・チャップリンとして出るのだが、女主人公はチャップリンを認識すらしない（「この小男は誰なの？」）。また『サンセット大通り（Sunset Boulevard）』（ビリー・ワイルダー、一九五〇年）でのセシル・B・デミルあるいは（より束の間の出演だが）バスター・キートン、そして「ゴシップ女」ヘッダ・ホッパー[訳注42]。この際だった「メタ映画」では、「ノーマ・デスモンド」を演ずるグロリア・スワンソンや、「マックス・フォン・メイヤーリング」を演ずるエリッヒ・フォン・シュトロハイムは、「彼ら自身の役」[訳注43]を演ずるところから遠くにいるわけではない。あるいは『雨に唄えば』のエヴァ・ガードナー。ビング・クロスビーとジーン・ケリーは、すでに言及した『恋をしましょう』で、この新たなシゴニャック〔前出『キャピテン・フラカス』の主人公〕に、本人としてブロードウェー式の歌と踊りのレッスンをする役割を負っている。ジェリー・ルイスの『底抜けもててもてて（The Ladies Man）』（一九六一年）のジョージ・ラフト、ビリー・ワイルダーの『悲愁（Fedora）』（一九七八年）におけるヘンリー・フォンダとマイケル・ヨーク、そして（少しばかり）ハリウッドから離れれば、ジャン＝リュック・ゴダールの『軽蔑（Le Mépris）』（一九六三年）のフリッツ・ラング、エットーレ・スコラの『あんなに愛し合ったのに（C'eravamo Tanto Amati）』（一九七四年）のフェデリコ・フェリーニ、ヴィットリオ・デ・シーカそしてマルチェロ・マストロヤンニ。あるいは『アニー・ホール（Annie Hall）』（ウッディ・アレン、一九七七年）のマーシャル・マクルーハンである——彼にハリウッド的なところはほとんどないが、どれだけ低く見積もっても象徴的に「メディア的」と形容できるだろう。ビリー・ワイルダーの『ねえ、キスしてよ（Kiss me, Stupid）』（一九六四年）について特記するためにハリウッドへと戻らなければならない。この映画では、ディーン・マーティンが、たしかロサンゼルスとラスヴェガスの間のどこかで故障するカブリオレのスポーツカーに乗り、自惚れた誘惑者という彼自身の人物像を、このむしろきわどいボードビル劇の三人の主役の一人として、あきれるほどユーモラスに引き受けているのである。『お熱いのがお好き（Some Like it Hot）』（一九五九年）で偽の富豪の姿をしたケイリー・グラントが、純粋に声だけの登場をしていることに触れるべきか躊躇っている（逆言法だ）。これはつまり、トニー・カーティスが彼の有名な言い回しを真似しているのである。もし可能ならば、吹き替え版を避けてご覧いただきたい。

（私が知る限りの、そして今日までの）おおっぴらでさらには容赦ないほど破壊的な極限にまで押し進められたメタ映画の最新作は、ロバート・アルトマンの『ザ・プレイヤー（The Player）』（一九九一年）である。ここでは当時のハリウッドの名士たちほぼ全員が彼ら自身《アズ・ゼムセルヴズ》として動員され、程度の差こそあれ束の間の出現を果たしている（二行に分かれてスクリーン一杯に広がるエンドロールの名前が彼らへの報いである）。その著名人の範囲はアンディ・マクダウェルからピーター・フォークを経てアンジェリカ・ヒューストンにまで及んでいるのだが、その中でも、三次的階層に位置する洗練の極みとして挙げられるのが、紋中紋に近い〈映画内映画〉で虚構のヒロインを演ずるジュリア・ロバーツ役のジュリア・ロバーツである。これ以上のことはなかなかできまい。

＊

私は映画特有のある効果（だが、もしまだ成されていないとしたら、演劇でもさほどの困難なく取り入れることができるだろう）を、メタレプシスに組み込んでみたいという気にかなりなっている。それは少なくとも二〜三十年前から、はびこるとは言わなくともきわめて頻繁に見られるもので、少なくとも映画の文法についての本などであえて強調される際には、[61]「音響的ディゾルブ（fondu sonore）」と呼び習わされる手法だ。これは一つのショット、あるいはより頻繁には一つのシークエンスから別のショットないしシークエンスへと移行する際の手法のことなのだが、その移行は一つのシーンの最後付近で、次のシーン（の物語世界）に属する（音楽あるいは「自然の」）物音を聞かせ始めるというものだ。数万に及ぶ例のうちから一つを紹介しよう。ジャック・ドレーの『フリック・ストーリー（Flic Story）』（一九七五年）の中で、逃亡中のギャングスターであるエミール・ビュイッソン（ジャン＝ルイ・トランティニャン）が仲間にこう告げる。「午後はダンスホールに行きたいんだが――そんなにすぐ行かなくてもいいんじゃないか？――タレこみ屋どもを待たせるのは俺の性分じゃないんでね」ここで二、三秒の間、画面外《オフ》でアコーディオンのメロディーが聞こえ始める。次のショットは、大衆的なダンスホールでこの曲を弾くアコーディオン奏者を今度は画面内《イン》で映しだす。そしてさらにその次のショットで、ビュイッソンはアコーディオン奏者を銃撃する。このようにして誰もが、他ならぬ彼こそが、数年前にビュイッソンを警察に売り渡した「タレこみ屋」であることを理解するのである（ついでに言えば、ビュイッソンの仲間たちも「ダンスホールに行く」ということで彼が意味していたところを理解する）。注意深い観客の目と耳からすれば、シークエンスＡ（アジトの部屋）の中にシークエンスＢ（ダンスホール）に固有の物音が不意に入り込むことの原因は、映画作者（脚本家あるいは／また監督）の特徴が示された介入以外に求められるものはない。これは、先にバルザックやディドロのところで見られたのと同じくらい無遠慮で、さらには度を越した介入である。アコーディオンのメロディーは、文字どおり局所的な物語世界に属しているがゆえに、シークエンスＢにおいては動機づけられている。だがシークエンスＡにおけるこの音楽は、この物語世界に属していないために、真実らしさを得られない。それゆえこの音楽を音楽は、この瞬間この場所で聞く注意深い観客は、これを現実の作者による干渉、すなわち『運命論者ジャック』で百姓女を馬上に戻すディドロと同じくらい、この虚構上の物語世界を操作する作者があからさまに行う干渉に帰すより他はなくなる。私は二度も「注意深い」観客と述べたが、より正しくは「細かい」観客と言うべきだっただろう。というのも、この手法の機能は、一般的な観客をこの種の分析へと促すことにあるわけではなく、ただ彼らが感知せぬ間に一つの局所的な物語世界から別のものへと至らせるだけであることは言うまでもないからだ。この段階的移行という役割は、単に視覚上のオーバーラップによっても果たされるだろう。ただしこちらはこの音響的重なりが持つ効果に訴えることもなければ、またこれが惹起するような問いとも無縁である。というのも、ここで述べた音響的な種類の区切り方〔句読法〕は、書かれたテクストにおける読点ほどにも目立たないものであり、それゆえこれによって陰気な秘密のアジトに陽気なアコーディオンのメロディーが流れるといった突拍子もない介入が実際にもたらされることはないからだ。観客が監督の望みどおり映画の展開に身を任せ、自発的に（そしてたいていの場合無意識のうちに）先行する物音を次のシークエンス——すなわちこの物音がフィルム（ないしサウンドトラック）を通じて告げるか、あるいはその発端[62]となるシークエンス——に属するものとして解読するのは、観客が自らの映画能力に、音響的ディゾルブはオーバーラップのような単なる区切りの方法とは異なり、確立した文彩であるということを組み込んだからである。それがどんな文彩であるかは、おそらくお分かりいただけるだろう。

*

物語フィクションには必然的に無縁であるもう一つのメタレプシス的契機を、映画は演劇と共有している。それは一人の男優ないしは女優に複数の役、特にそっくりな二人（あるいは二掛ける二）の人物を演じさせるという可能性だ。たとえば演劇だと、プラウトゥスからジロドゥー（彼は自分の『アンフィトリオン』は三十八番目のものだと述べている）[訳注44]にいたるもの、そして映画では（数多ある中から偶然に任せて選ぶと）ピエール・チェルニアの『他人の面（La Gueule de l'autre）』（一九七九年）におけるミシェル・セロー、あるいは自身が監督した『他人のそら似

（Grosse fatigue）』（一九九三年）の中のミシェル・ブラン――ここでは、そっくりな人物のうちの一人は他ならぬ彼自身だ――である。こうした二重の役が引き起こす取り違えは、いつでも舞台のフットライトないし映画のスクリーンを越え、観客たち自身をも眩暈に巻き込もうとするが、そうした理由一つをとっても、そこにメタレプシス的契機を認めることができる。だがそっくりな人物を提示する二重化だけが、この可能性を実現させるやり方ではない。コルネイユからジロドゥーにいたる「演劇内演劇」に言及した際、私たちはすでにそれと出会っている。つまり、ゲネシウスがあるときはアドリアノを演じ、あるときは自分自身を演ずる、あるいはモリエールがあるときは（彼自身として《アズ・ヒムセルフ》）自分自身を演じ、あるときは「滑稽な侯爵」を演ずる等々といったことである。それにしても、この欺きの遊戯を極限まで押し進めたのは――ヒッチコックのおかげで――映画ではないか。『めまい（Vertigo）』（一九五八年）で、一人の女優キム・ノヴァクは二つの役（マデリンとジュディ。絵画として登場するだけの「モデル」つまりカルロッタ・ヴァルデスは考慮にいれない）を演じているわけではない。観客は、主人公のジョン・〝スコティ〟・ファーガソン（ジェームズ・ステュアート）と同様に、必要とされる間はこの驚くべき類似を信じなければならないのだが、その後で、二人の女性はただ一人の同じ人物でしかなかったという事実を発見するのだ。ここには瓜二つもクローンもなく、類似とみなされていたものは、最終的に純粋な変装に解消されるのである。だからといって、女優のパフォーマンスが減じることは一切ない。というのも彼女は――その登場人物と同様に――身体的には似通っているが心的（そして社会的）には異なる「二一人」の女性を演じなければならないからである。つまりキム・ノヴァクはジュディを演じながらマデリンを演じるのであり、しかもスコティは、あたかも女性に変装した少年の役を演ずる女歌手が登場するオペラの場面（『フィガロの結婚』のケルビーノ、『ばらの騎士』のオクタヴィアン）のように、一時このジュディにマデリンを演ずるよう要求するのである。『モンテ・クリスト伯』の無数にある演劇ないしは映画のアダプテーションにおいて、二つの役の間にあるより大きな時間的距離、すなわち年を重ねるという「自然な」効果を利用することで、ダンテス／モンテ・クリストを演ずる者のパフォーマンスも、これとほとんど同じ種類のものである。ただしここでは、観客が彼の変化には欺されない――物語内で（少なくともジェラール・ドパルデューが出演するジョゼ・ダヤンのテレビ映画では）唯一、モンテ・クリストの相貌の下にダンテスを認識する女主人公メルセデスもそうなのだが――という違いはある。

一次的水準にある映画と、この場合はまさしく固有の意味において紋中紋をなす二次的映画――すなわちクリスチャン・メッツの言い方に従えば「二次的かつ同一の映画」[63]――の間にあるメタレプシス的越境の例を探すのは、魅力的な試みとなろう。だがこのケースの典型的な例は、メッツが正しく強調しているように、紋中紋をなす映画が構想中にすぎず、そのため第一の映画内ではその一部ですら見せられないフェリーニの『8½』（一九六三年）となりそうだ（私は他に知らない）。この特徴は二つの映画を「合致」[64]させることを可能にするが、それはまったく観念的であり、二つの映画の共存を妨げているのもこの同じ特徴なのである――つまり、人が自分自身に出会うことはないというわけだ。それゆえここでは――同一から同一へと向かうような――いかなるメタレプシスの道も拓かれていない。だがメッツに従ってこのような不可能性を確認した私は、もしかすると間違っていたかもしれない。それを可能にするためには、あと少しの図太ささえあれば良いのだ。クロード・ルルーシュの『一人でみんな（Une pour toutes）』（一九九九年）においては（この人も図太さには事欠かない――それにフェリーニの映画から数えて、この芸術の歴史にすれば永遠にも比すべき三十六年という年月が経っているわけだ）、すべてをきちんと理解しているなら、私たちは警察官＝プロデューサー（ジャン＝ピエール・マリエル）と投獄された脚本家（フランソワ・ペロ）の間で議論されている計画にすぎない映画のシーンを観るのである。その後、最後のシークエンスでは、その映画の「公開」――つまりその「メタ映画」の世界における〈映画内映画〉の公開ということだが――を祝うパーティが示されることになるだろう。

＊

「絵画内絵画」の例には事欠かない絵画芸術にもこのような機会はあるのだが、私はそれが利用されているものをほとんど見たことがない。例外がマネの《エミール・ゾラの肖像》（一八六八年）である。ここでは、小説家の書き物机を見下ろす位置にある絵画の複製に描かれたオランピアの視線の向きが、（オリジナルに比して）この小説家の方へと曲げられ、あたかも小説家がこの絵を擁護したことに対する謝意を示すかのようになっている――密やかな視線、賞讃のメタレプシスだ。だがより一般的に、モデルが絵画の世界と外部の世界を分ける境界を越えて（実際に）画家へと向ける、それゆえ必然的ではあるものの見せかけの効果によって観者にも向ける、直線的であったりはすかいであったりする視線を、このように解釈することも十分にできる。こうした解釈が禁じられていないのは、逆に、絵画がこの世界の諸要素をその表面に受け入れることを可能にする様々な紋中紋状の装置についても同じである。〔ヤン・ファン・エイクの〕《アルノルフィーニ夫妻像》の凸面鏡に「映された」人物たち（そのうちの一人はおそらく画家自身）を見て欲しい。あるいは〔ベラスケスの〕《ラス・メニーナス》の奥に位置する鏡に姿を見せている国王夫妻――おそらくは裏側と枠組みの一部しか私たちには見えない絵画のモデル――もそうだ。この後者のものは、ミシェル・フーコーが言うように「絵画の二重に不可視のもの」[65]を見せる手段である。ここで二重にというのは、まず国王夫妻は私たちが見ている絵画空間の外部にいるからであり、さらにこの絵画空間で制作されている絵画上にある彼らの（可能性が高い）表象に、私たちがアクセスすることは不可能であるからだ。この種の装置を、フーコーは適切にもベラスケスがその師パチェーコから受けたアドバイス「イメージは枠から出なければならない」と関連付けている。メタレプシスについての可能な定義の一つがここに見られるだろう。可能な定義ではあるが、ただし不完全な定義でもある。というのも私たちが扱っている文彩は、枠の中に入ることもあるからだ。ともあれ両方の場合において、重要なのはその枠を越えることだ。同じベラスケスが背後から《ア・テルゴ》直接的な表象を行った《鏡のヴィーナス》で鏡に映し出された顔となると、同じようには言えない。というのも、この顔は完全に絵画の空間に属しているからである。仮に《ラス・メニーナス》の鏡が映し出しているのが、王と王妃本人ではなく、私たちの目には見えない画布に描かれたその表象であるとしたら（幾人かはそう考えていたように思う）、この絵の効果も同種のものとなっただろう。

しかしもっとも頻繁に出会う〔絵画の世界と現実の世界が交差する〕例は、固有の意味での絵画にはない。それは現実あるいは想像上の絵画――ピロストラトスの『エイコネス』[訳注45]のように、現実と想像を区別できないものもある――の描写、つまりはエクフラシスというあの混淆ジャンル、とはいえ高度に文学的なジャンルにみられる。現実の絵画作品を前にしたときの、そしてたとえばサロンの批評などにおいては、絵画が表象する事物とその観者との間に生ずる相互作用の文彩は、たいてい次のような古典的トポスの域は出ないものだ――「まさに現実そのものを見ているようだ。鳥が惑わされてこの果物をついばみにやって来そうである、等々」。だがディドロ[66]は、グルーズの《死んだ小鳥と少女》に向けた文彩的頓呼法（「だが少女よ、お前の悲痛は深く、熟慮されたものだ！　この夢見るようでもの悲しい雰囲気が意味するところは何なのか！……」）を、少女が彼に答えるという、真の意味でのやり取りを想像するところまで突き詰めている。「――私の鳥は？……私のお母さんは？……」この対話形式の「小さな詩」は、描かれた作中人物が生を得て、自らが表象された表面を越え出たうえで、観者と接触するに至るということを、まったくもってフィクショナルなやり方で想定しているのである。「ねえ！　話を続けさせてください。どうしてあなたは手で私の口をふさぐのですか？」

＊

このようにフィクショナルに生を与える効果《アニメーション》（現実には言語的・文学的であり、フィクショナルに絵画的となる）は、昨日はじまったわけでもなければ、一昨日はじまったわけでもない。すでに『イリアス』第十八歌にあるアキレウスの楯——それゆえむしろ彫刻あるいは金銀細工を対象とするが、この違いはここでは重要ではない——の有名な描写に、これが用いられていることが認められる。ここでの描写は明確に物語化され、それゆえ時間化されている。それは単に、ヘパイストスが楯を制作する過程に従ってその描写がなされるからというだけではなく（レッシングが同意することになるのはただこの様態のみである）[67]、とりわけここで表象された「絵画《タブロー》」では、（こちらのほうは『ラオコオン』が後に警告するところには反して）登場人物たちが活気づき、動き、行為し、叫びや言葉や音楽を聞かせ、自分たちの感情を表明する場面が描かれているからだ。

若い男の踊り手たちがくるくる回り、彼らの間で笛や竪琴がその調べを聞かせ、そして女たちは、それぞれ戸口の前に立って感極まっている。係争がおこり、二人の男が、もう一人の殺された男が流した血の代償をめぐって言い争っている。一方はすべて支払ったと言い張り、町の人びとにもそう公言する。他方は何も受け取っていないと否定する。双方とも裁定によって決着をつけるため、仲裁者に訴えている。人びとは一方あるいは他方に味方して大声をだし、そして彼らを支援するため二派に分かれる。[……]もう一つの町の周りには、甲冑に身を包んできらめく軍人たちからなる、二つの軍が陣を敷いている。攻撃者たちは二つの方針の間で躊躇っている。町全体を廃墟と化すか、あるいはこの麗しい都市がその壁の内に保持する財のすべてを折半するか。だが攻囲された方は敵の言うことを聞く意向などさらさら持たず、待ち伏せをするために密かに軍備を整える[68]……。

吟誦詩人の意図を知ることは難しい[69]。もしかすると彼は、自らの造形的題材をさほど気にかけることもなく、すでに慣習となった描写のトポスが進むに任せただけなのかもしれない。しかしよく知られているように、このホメロスの楯は、それを模倣するかなり豊かな伝統の起源となっている。そのなかには少なくとも、ときにヘシオドス作とされる『ヘラクレスの楯』、『アエネーイス』におけるアエネーアースの楯、スミュルナのコイントスにおける新たなアキレウスの楯(それに加えてエウリピュルスの楯とフィロクテテスのつり帯と箙)、(ジャック・モローの手になる)スカロンの『変装したウェルギリウス』続編(一六五二年)に現れる新たなアエネーアースの楯、ウダール・ド・ラ・モットによるホメロスの(きわめて自由な)翻訳(一七一四年)にみられるまた新たなアキレウスの楯、フェヌロンにおけるテレマコスの楯(一六九四年版と一六九六年版の二種類がある(『テレマコスの冒険』))、マリヴォーの『変装したホメロス』(一七一五年)における最後にもう一つのアキレウスの楯、そしてやはりマリヴォーの『変装したテレマコス』（一七一四〜一七一五年）のブリドゥロンの楯が数えられる。だが真実らしさへの強い配慮に特徴づけられた古典主義の伝統からすれば予期できることだが、こうしたリメークのほとんどは、動き《アニメーション》の付与という手法を利用する点においてオリジナルよりも消極的である。ホメロスの詩をめぐる古典主義的批評の大部分は、そもそもこの文彩の存在に向けられており、また事実ウダールによる「翻訳」も、これに付属する手厳しい「ホメロス論」に適合する修正的な翻案《アダプテーション》である。その翌年、ボワヴァンはこのウダールの批評に反論したが、彼の『ホメロス擁護』（楯の翻訳と、感動を誘う図像的再構築の試みがそれに続く）は惨めなまでに守勢に回ったもので、古典主義がホメロスの言葉遣い《ディクション》一般、とりわけそのメタレプシス的な描写の大胆さを前に後ずさりしていることを確証している。ウダールはこう書いていた。「表象された人物像《フィギュール》は、あたかも生きているかのように行動し、状況を変えている。幼稚な驚異がそれにより作り出されている。」ボワヴァンはこう返答する。「それらはまったく行動しておらず、行動しているように見えるのである。」ただ読者のみが単なる幻影かもしれないものを産み出すと言うことで、ボワヴァンがあらゆる「幼稚な驚異」をめぐる詩人の責任を免除しているのは言うまでもない。それはまた「見えるように思われる」というトポスへの回帰、すなわちメタレプシスの還元、あからさまに言えば消去である。モローやマリヴォーといったもっとも大胆な人びとは、一時、楯の描写を放棄し、そこに象られているものを見ているという主張を止めて、その代わりに物語的場面を想像することをより好んだのである。

テティスとペーレウスの結婚をめぐる詩の重要な部分を占める、婚礼の床を覆う布についての描写で、カトゥルスが――もう少し技法を加えたうえで――採用したのもほぼこれと同じ方針である。(70) この「紫色の織物」には、ディーア島の海岸でテーセウスに置き去りにされたアリアドネが表象されている。

ディオニソス神の巫女を象った大理石像にも似たミーノースの娘は、海藻に囲まれ、遠くから、彼を目で、なんたること! 目で追い、そして不安の海に浮かぶ。もはや金色の髪を留める繊細な織物の細布もなく、裸になった胸を覆う軽いベールもなく、乳のように白い喉元を締める優美なスカーフもない。こうした装飾品はどれも彼女の身体から滑り落ち、この若い女の足下に散らばって、海の波にもてあそばれていたのだった。だが彼女はもはや、波にさらわれるその細布もベールもまったく気にしていない。テーセウスよ、あなたなのだ、錯乱の中にある彼女の心のすべて、魂のすべて、精神のすべてが向けられていたのは。

現在時制から過去時制への移行は、ここではテーセウスの裏切りという状況についての後説法(analepse)を伴う展開となる。(訳注46) これは〔右の引用に描かれた〕最初の場面への回帰を伴って終わるのだが、ここで行われている動きの付与は、伝説となった伝統を呼び起こすことによって、巧みに動機づけられるか、あるいは隠蔽される。

人が言うところによると、強烈な憤激に突き動かされた彼女は、その胸の奥底からしばしば鋭い叫び声を上げていた。悲しみの中で、彼女はあるときは広大な海の波へと視界を広げられる切り立った山々によじ登り、あるときはその軽やかな衣服をむきだしの脚の上にまで引き上げ、さざめく海に向かって駆けていた。顔を涙で濡らし、冷え切った心からもらしていた嗚咽の途中で、苦痛から引きずり出された彼女の最後の苦悶の文句は次のごときものであった……。

こうしてアリアドネの長い哀歌《ラメント》が導かれ、不実な者に対する罰の物語、そして最後に画趣に富み賑やかなバッカスの行列の絵がそれに続くのだが、この後者については再び婚姻の覆い布に表象されたものとみなされることになる。「こうしたものが覆い布を飾る見事な図像であって、婚姻の床のあらゆる側面はその襞に包まれていた。」

まさしく名高いこの章句は、ホメロスがアキレウスの楯を描くことで（おそらく）創始した、動きを付与する絵画《タブロー》の伝統によって、やはり想像的な表象をフィクショナルに描写する多種多様なやり方が与えられたことを示している。もう一つ別の例を、サン゠タマンが『救われたモーゼ』第三部に組み込んだ、大洪水を描いたジョカベルのタペストリーの中に見て取ることができる。[71] 古典主義的というよりは明らかにバロック的な美学であるにもかかわらず、このページの中には「〜であると思われる」や「模倣された様子」、「見せかけの枝」、「偽りの肖像」、そして「聞いたように信じられた」といった決まり文句が観察される。これらはウダールが激しく非難するであろうような「幼稚な驚異」を避ける任を負っているのである。

プルーストがカルクチュイ港を描いたエルスチールの絵画を――もちろんフィクションとし

て——描写する際には、これほど慎重には振る舞わないだろう。

［……］水夫たちが奮闘していたり、街の倉庫や教会や家並みが物静かに垂直に立つ前で小舟が鋭角に傾いていたりするところに、海から帰ってくる人々や、あるいは逆に漁に出る人々がいて、彼らが海の上を、あたかも巧みな操縦術なしには不意の跳躍によって地面にたたきつけられかねないほど猛って疾駆する動物にまたがるかのように、荒々しく速歩で駆けていたのが感じられた。遊覧の一行が、田舎馬車のように揺られる小舟に乗って、陽気に出発しようとしていた。陽気だが注意深くもある一人の水夫が、まるで手綱を扱うかのように小舟の舵を取って猛る帆を操り、各自は片側に重さをかけすぎて船を転覆させせぬようしっかり自分の位置について、陽光に照らされた野原や日の陰る景観の中を突っ切ったかと思えば傾斜を転げ落ちてゆく。雷雨があったが、その後で美しく晴れた朝だった(72)……。

ジオノが『ジャン・ル・ブルー』(73)の最後に、父親の口から語られるものとして置いた《イカロスの墜落》への言及も同様である。

私はある日美しい絵画を見た。そこにはまず、前景に、巨大な人間がいた。そのむきだしの脚がみえていた。彼のふくらはぎは、私の親指くらいの大きさの筋肉のうちに引き締まっていた。彼は一方の手に鎌を、もう片方の手には一束の麦を握っていた。彼の視線は麦へと向かっていた。

またその口を見るだけで、鎌で刈り取る最中に、彼が数匹のウズラを殺したに違いないということも分かった。彼が太ったウズラを油で揚げたやつを皿に盛り、それから大量の青いワイン、グラスと口とに陰りを残す酒を好んでいたに違いないということも分かった。彼の後ろに——よく聞けよ、おまえに分からせるのはなかなか難しいんだ——彼の後ろに、あんなふうに大きな国全体を、いや、あれより大きな国を——ていうのは、芸術家は自分が世界全体を描きたいってことを分からせるために、ぜんぶを一緒くたにぶちこみ、ぜんぶを混ぜ合わせたんだ——想像してくれ。大きな川、たくさんの森、牧場、畑、町、村を通っていった大きな川。彼方でしまいには大きな滝となって落ちていた大きな川。その川の水上では、船が一方の岸から他方の岸へ飛ぶように行き来し、平底船が眠ったように停泊し、そしてそのまわりの水の表面はさざ波に覆われていて、切られた木でできた筏は、平らになって流れをするすると進んでいた。上に架かった橋からは、人びとが釣り糸を垂れていた。村では煙突から煙が出て、鐘が鳴って小鐘楼からその鼻先を見せていた。町では車がぎっしりとひしめき合っていた。大きな川の港の一つからは、大きな帆船が数隻飛び出していた。草地の小さな湾の中の帆船は停止しているものもあった。その他の船は大河の力の臨界で身を震わせており、また別の船はその力に乗り、すでに海の方へと出発していた。絵の一角にまさしく海があった。縁の方に見えた海は穏やかで、その水面は、砂に打ち上げられた大きな魚たちに向けて泡を吹くくらいうねってた。男たちはこの魚たちをつるはしで打ち砕き、また別の男たちはその肉の切れ端を肩に担ぎ自分の家へと向かっていた。彼らがやってくるのを主婦たちは戸口から眺めていた。家の中では暖炉に火が付けられていた。若い娘が弟をあやしていた。窓の一つからは、男が娘をベッドに押し倒すのが見えた。森の中では男たちが木を切っていた。農場では豚が殺されていた。酔っ払いを取り囲んで子どもたちが踊っていた。自分の鶏が盗まれようとしているのを見て、一人の老女が窓から叫んでいた。小川で手を洗うために産婆が家から出て行った。おかみさんが彼女にハサミを求めていた。父親はパイプを吹かしていた。産婦は自分の脚の間で生じたことをみないように顔を背けていた。産着が火で温められていた。もう一つの火の近くでは肉が焼かれていた。また別の火の上では死人が焼かれていた。畑は労働で溢れていた。耕す人たちがいれば、種を蒔く人たちもいて、収穫する人たちや、さらにはブドウを摘み、麦を打ち、穀粒を選り分け、生地をかき混ぜ、牛を引っ張り、ロバを打ち、馬を制止し、鍬、斧、つるはしを立てかけ、あるいは犂に強く重みをかけすぎて木靴をなくした人たちもいたんだ。——そんなにたくさん！……

そう、そんなにたくさん。それに加えてほとんど見分けられないイカロスが空中にいる。「私の爪の先ほどの大きさ。黒く、腕の一本はここに、脚の一本はあそこにあって、死んだ子猿のように破滅している。彼は落ちていた。」より仔細に眺めるなら、この半＝フィクション的なエクフラシス（ジオノはブリューゲルの作品をめぐる、なんらかの真正かつ独自の解釈を示唆することを周到に避けている）が、厳密な意味ではいかなる点においても絵画への動きの付与にはなっておらず、ただその解釈を示唆しているだけだということが見て取れる。それでもなお運動的な効果がここに見られることは否定しがたい。（描かれた場面についての）描写モードから、

（経験された場面についての）物語モードへの全般的な移行という印象も然りだ。アラン・ロブ＝グリエが、《ライヘンフェルスの敗北》と題された絵画を囲むニス塗りの木枠の外へと、一人の兵士を段階的にと言えるようなかたちで滑り出させ、絵画外のありそうもない物語世界に赴かせる運命を彼に与えた際に活用したのも、この可能性である[74]。だが絵画から登場人物が出て行くというモチーフは、少なくとも幻想文学ではかなり広く見られるものである。たとえばゴーティエの短篇『オムパレー』を見てみよう。ここでは「ヘーラクレースの美しい女主人」が、登場人物＝語り手のために、夜陰に乗じてその部屋を飾っているタペストリーから抜け出すのである[75]。

　動きを付与された絵画を虚構的メタレプシスというジャンルに組み込むことを正当化するのは、この種の効果であろうと私には思われる。《死んだ小鳥と少女》をめぐるディドロの「小さな詩」がすでに示していたように、表象された場面のうち、動きを与えられるに至ったものは、つねに「枠から出る」ことと隣り合わせである。つまりそれは自らのミメーシス的媒体から自由になり、外部でその身体をぶるっと震わせ——『単旋律聖歌』（コクトーの詩集）のあの忘れ難い「そこにいることに驚いているお前の夢の家畜」のように——、表象された世界からそれまで自分の表象がそこにあった世界へと移行するにいたるのだ。『ノア』の冒頭で見られたように、この種の移行は、少なくとも潜在的には、必然的に相互的なものとなる。『気晴らしのない王様』の小説家は、彼の登場人物たちが小説から出てきてその仕事場に出没するのと同じくらい容易に（さすがに「自然に」とまでは言わないが）、自分の小説の物語世界内部へと忍び込むのである。

＊

私は先に「現実には言語的・文学的であり、フィクショナルに絵画的」な動きの付与と述べたわけだが、ここで念頭に置いていたのは、絵画、浅浮き彫り、タペストリーなど、視覚的表象として描写された対象物に――残念なことに夢想の中だけなら、私はよく写真中の人物たちが動くのを見るのだが――動きを付与する力を割り当てる描写的テクストであった。そしてそのような力を与えること（あるいはそのふり）ができるのは、ただ言語的フィクション（あるいはいくつかの映画的特殊撮影）のみなのである。私はこのような実践を、虚構的な動きの付与と積極的に形容しよう。そして議論をこのまま進め、この概念を、非＝虚構的文学に（相対的に）固有ないくつかの効果へとやはり積極的に拡大してみよう――もっとも典型的な部分にその領域を限るなら、それは（けっして完全にではないが）厳密に虚構的な物語と（少なくとも対極的に）対置されたものとして、私が他のところで「事実的物語」と呼んだもののさまざまな種類であり、[訳注47] さらにこの「事実的物語」の対象を狭めるなら、小説家の物語に対置されたものとしての歴史家の物語となる。ミシュレを再読して驚かされるのは、彼がヴェーヌやリクール[76]の言うところの「筋（intrigue）」をかたちにするやり方――これはすべての歴史的物語にあてはまる――だけではなく、作り話か否かにかかわらず（たいていの場合私にはどうだか分からない）、中世（アザンクール〔百年戦争の戦地〕、シャルル・ル・テメレールの死）やフランス革命の様々なエピソードを、ディテールを駆使して演出する（en scène）そのやり方である。たとえば数多あるもののうちから、〔『フランス革命史』〕第五巻第二章にある、「ヴァレンヌ逃亡」後の王家の帰還について得々と繰り広げられた報告を取り上げよう。エペルネーとドルマンの間のどこかの地点から、重々しいベルリン馬車に乗り、王、王妃、彼らの二人の子ども、そして王の妹であるマダム・エリザベットは、代議士バルナーヴとペティオンに挟まれ、あの四日間にわたる長くて辛い旅をするのだが、その中に、息をつけるような場面が数行はさまれる。

王太子は往ったり来たりしていたが、まずはペティオンの足の間に身を落ち着けた。ペティオンは父親のようにその子のブロンドの巻き毛をなで、また時々、議論が白熱したときには、それを軽く引っ張ったりもしていた。王妃はおおいに感情を害した。彼女はさっと子どもを取り戻したが、子どもの方は、その子どもらしい本能に従って、もっともよく自分を受け入れてくれるはずの場所、つまりはバルナーヴの膝の上へと赴いた。そこにくつろいで座った彼は、この代議士が着ていた衣服のボタンの一つ一つに書かれていた文字をゆっくりたどたどしく口にし、美しき標語を読むことに成功した。「自由に生きよ、さもなくば死。」この小さな室内画は——だれがそれを信じたであろうか？——怒った群集を横切り、叫び声と脅しの間を、平穏に走っていた……

猶予状態の王妃、六歳になる彼女の子ども、そして帰還任務を遂行している二人の代議士

〔善人役のバルナーヴと悪人役のペティオン〕――全員がベルリン馬車に閉じ込められ、不平のわめき声を上げる群集の危険にさらされている――の間で繰り広げられるこの場面が構成するのはまさしく室内画、さらに言うなら「風俗」画である。ここからもう一つの例を挙げよう。同じ旅行中だが、より重々しい調子のものである。たしかパリに到着する直前の宿泊地となる、モーの司教館〔ボシュエの邸宅〕で過ごした一夜のことだ。

このような不幸を受け入れる威厳――メランコリーから生ずる威厳――ある家。ヴェルサイユもトリアノンもこれほど高貴な悲しみにはなく、過ぎ去った年月の偉大さをもはやそこに在らしめてはいない。そしてより一層心を打つのは、その偉大さがそこでは単純だということだ。大きくてうす暗いれんが造りの階段、ゆるやかな傾きとなって延び、私室に至る段差のない階段がある。教会の塔が見下ろしている単調な庭は、今日ではすべて木蔦に覆われた町の古い城壁に縁取られている。その上の露台から見ると、モチノキの並木道が偉人の仕事部屋へと続いている。自らがその高らかなる声となった君主制世界の終わりを、この偉人は予感しえたのではないかと思わせるような不吉で死を思わせる並木道である。(77)

私はミシュレが『墓の彼方の回想』をどれだけ読み得たのかについては知らないが、(78)両者の明らかな類似は、私がシャトーブリアンから例をとってもいっこうにかまわなかったことを示す以外、ここでの私の主題とは関係ない。そもそもシャトーブリアンだけでなく、レ枢機卿でも、

新刊一覧

セクシュアリティの性売買

キャスリン・バリー 著
井上太一 訳

搾取と暴力にまみれた性売買の実態を国際規模の調査で明らかにし、その背後にあるメカニズムを父権的権力の問題として理論的に抉り出した、ラディカル・フェミニズムの名著。

¥5500

人種の母胎

性と植民地問題からみるフランスにおけるナシオンの系譜

エルザ・ドルラン 著
ファヨル入江容子 訳

性的差異の概念化が、いかにして植民地における人種化の理論的な鋳型となり、支配を継続させる根本原理へと変貌をしたのか、その歴史を鋭く抉り出す。

¥5500

戦後期渡米芸能人のメディア史

ナンシー梅木とその時代

大場吾郎 著

日本とアメリカにおいて音楽、映画、舞台、テレビなど活躍し、日本人女優で初のアカデミー受賞者となったナンシー梅木の知られざる生涯を初めて丹念に描き出す労作。

¥5280

翻訳とパラテクスト

ユングマン、アイスネル、クンデラ

阿部賢一 著

文化資本が異なる言語間の翻訳をめぐる葛藤とは？　ボヘミアにおける文芸翻訳の様相を翻訳研究の観点から明らかにする。

¥4950

マリア＝テレジア 上・下

「国母」の素顔

B・シュトルベルク＝リリンガー著 山下泰生／伊藤惟／根本峻瑠訳

「ハプスブルクの女帝」として、フェミニズム研究の範疇からも除外されていたマリア＝テレジア、その知られざる実像を解き明かす、第一人者による圧巻の評伝。

各¥8250

戦後期渡米芸能人のメディア史

ナンシー梅木とその時代

大場吾郎 著

日本とアメリカにおいて音楽、映画、舞台、テレビなど活躍し、日本人女優で初のアカデミー受賞者となったナンシー梅木の知られざる生涯を初めて丹念に描き出す労作。

¥5280

読書装置と知のメディア史

近代の書物をめぐる実践

新藤雄介 著

書物をめぐる様々な行為と、これまで周縁化されてきた読書装置との関係を分析し、書物と人々の歴史に新たな視座を与える力作。

¥4950

ゾンビの美学

植民地主義・ジェンダー・ポストヒューマン

福田安佐子 著

ゾンビの歴史を通覧し、おもに植民地主義、ジェンダー、ポストヒューマニズムの視点から重要作に映るものを仔細に分析する力作。

¥4950

新刊一覧

イスラーム・デジタル人文学

須永恵美子 編著
熊倉和歌子 編著

デジタル化により、新たな局面を迎えるイスラーム社会。イスラーム研究をデジタル人文学で捉え直す、気鋭研究者らによる最新の成果。

¥3520

ディスレクシア

マーガレット・J・スノウリング 著
関あゆみ 監訳
屋代通子 訳

ディスレクシア（発達性読み書き障害）に関わる生物学的、認知的、環境的要因とは何か？ ディスレクシアを正しく理解し、改善するための効果的な支援への出発点を示す。

¥2860

シェリング以後の自然哲学

イアン・ハミルトン・グラント 著
浅沼光樹 訳

シェリングを現代哲学の最前線に呼び込み、時に大胆に時に繊細に対決させ、革新的な読解へと導く。カント主義批判により思弁的実在論の始原ともなった重要作。

¥6600

一つの惑星、多数の世界

ドイツ観念論についての試論

ディペシュ・チャクラバルティ 著
篠原雅武 訳

人文科学研究の立場から人新世の議論を牽引する著者が、ラトゥール、ハラウェイ、デ・カストロなどとの対話的関係のなかで示す、新たな思想の結晶。

¥2970

近代日本の身体統制

宝塚歌劇・東宝レヴュー・ヌード

垣沼絢子 著

戦前から戦後にかけて西洋近代社会、民主主義国家の象徴とみなされた宝塚・東宝レヴューを概観し、西洋近代化する日本社会の身体感覚の変貌に迫る。

¥4950

福澤諭吉

幻の国・日本の創生

池田浩士 著

福澤諭吉の思想と実践——それは、社会と人間をどこへ導いたか？ 福澤諭吉のじかの言葉に向き合うことで、その思想と実践をあらたに問い直し、功罪を問う。

¥5060

反ユダヤ主義と「過去の克服」

戦後ドイツ国民はユダヤ人とどう向き合ったのか

高橋秀寿 著

反ユダヤ主義とホロコーストの歴史的変遷を辿りながら、戦後、ドイツ人が「ユダヤ人」の存在を通してどのように「国民」を形成したのかを叙述する画期作。

¥4950

宇宙の途上で出会う

量子物理学からみる物質と意味のもつれ

カレン・バラッド 著
水田博子／南菜緒子／南晃 訳

哲学、科学論にとどまらず社会理論にも重要な示唆をもたらす21世紀の思想にその名を刻むニュー・マテリアリズムの金字塔的大著。

¥9900

今回のイチオシ本

思想としてのミュージアム

増補新装版

博物館や美術館は、社会に対してメッセージを発信し、同時に社会から読み解かれる、動的なメディアである。日本における新しいミュゼオロジーの展開を告げた画期作。旧版から十年、植民地主義の批判にさらされる現代のミュージアムについて、論じる新章を追加。

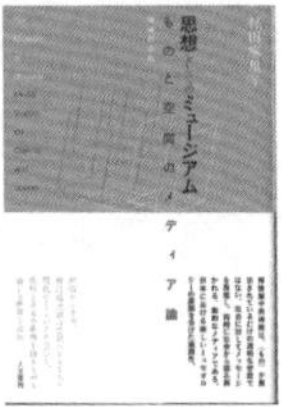

村田麻里子著
¥4180

呪われたナターシャ

復刊

現代ロシアにおける呪術の民族誌

三代にわたる「呪い」に苦しむナターシャというひとりの女性の語りを出発点とし、呪術など信じていなかった人びと―研究者をふくむ―が呪術を信じるようになるプロセス、およびそれに関わる社会的背景を描いた話題作、待望の復刊！

藤原潤子 著
¥3300

超越論的存在論

ドイツ観念論についての試論

存在者へとアクセスする存在論的条件の探究。「世界は存在しない」「複数の意味の場」など、その後に展開されるテーマをはらみ、ハイデガーの仔細な読解も目を引く、哲学者マルクス・ガブリエルの本格的出発点。

マルクス・ガブリエル著
中島新／中村徳仁訳
¥4950

はじまりのテレビ

戦後マスメディアの創造と知

1950〜60年代、放送草創期のテレビは無限の可能性に満ちた映像表現の実験場だった。番組、産業、制度、放送学などあらゆる側面から、初期テレビが生んだ創造と知を、膨大な資料をもとに検証する。気鋭のメディア研究者が挑んだ意欲的大作。

松山秀明 著
¥5500

ルソーでも、もちろんサン＝シモンでも、劇的な動きの付与をいくらかでもする能力があれば、どのような歴史家ないし回想録作者に例を取っても良かったのである。ミシュレが実際に自分自身でその緩やかな傾斜を体験しにいったのではないかと推測できるこの「段差のない階段」は、（相変わらずミシュレからだが）シャルロット・コルデーの独房の、軽くノックされた「小さな扉」を想起させるかもしれない。これはロラン・バルトが、「余分な」細部の存在という観点から、自らが「現実効果」と呼ぶものの歴史叙述における象徴としたものである――小説におけるその象徴は、『純な心』に見られるオーバン夫人の晴雨計だ[79]。私はまた、これらの物語的ないしは描写的な細部において、想像――たしかにミシュレにはこれが備わっていた――が占める部分がどれであり、また原資料から取り出された情報が占める部分がどれであるのかということも知らない。だがこうした細部の現前性によって生み出される効果は明白である。これが「でっち上げられる」ものではない、つまり「真実らしさを作り出す」細部である以上、バルトがこれを「現実効果」と形容したのはたしかに間違ってはいなかった。だが逆説的なことに、この効果の効果は歴史テクストのフィクション化なのであり、この効果のもとで、歴史テクストは、純粋な小説が属するフィクション的体制に合流するほどの動きや生を与えられるのである――たとえ小説的物語では、この現実効果が対称的に逆方向を向いていることが事実であるにしても〔すなわち文字どおり現実感が虚構に与えられること〕。とはいえ、この対称性をあまり大げさに考えないようにしよう。どちらの場合においても、細部の選択と「絵画《タブロー》／場面」の演出が示すのは、「私はそれを見た、それを聞いた、そこにいた」というものである。これは歴史的物語においてと同様に小説においても——どちらの場合も同じだ——濫用であり、それ自体が虚構的なのである。たしかに自伝作家、そして概して回想録作家であれば、「私はそこにいた」と言うことはまったく正当である。そもそもこのような作家は、原則として、自分で見たり聞いたりしたことのみを報告すべきであるとすら言えるだろう。だがルソーやシャトーブリアンにおけるこうした類いのページは、さらにもう少し別のことを示唆している。それがつまり、このような場合にしばしば言われる「私はまだそこにいる」というものである。

　こうした幻覚にとらわれた活写法の効果——「現前効果（effets de présence）」とでも名付けられるだろう——を、ここでもメタレプシスに組み込むことを可能にしているのは、まさしくこの文彩的、そしてほぼ虚構的な「私はそこにいる」（それゆえ「あなたもそこにいる」）である。これは二重の現前性である。まずは自分の物語に対する作者の現前性——フローベールはオーバン夫人宅にいなかったし、ミシュレも王のベルリン馬車の中やボシュエの邸宅にはいなかったが、彼らは「見られた物事」のおかげで、虚構的にそれらの場所に入り込む。もう一つは描写された対象物や語られたエピソードの現前性。これらの描写やエピソードは、プラトンが「純粋な物語」（ハプレー・ディエゲーシス（*haplê diègèsis*）、つまり場面も対話もイメージもなく、究極的には文彩も欠いた物語として語られるだろう先駆的な「白いエクリチュール」）として規定した、中立的かつ距離を取った[80]簡素さから解放され、演劇的制度（アリストテレスのミメーシス）や映画的制度に備わった現前性や、それらの場面に特有の動きの付与を得るに至る——場面（scène）という語を、ここでは演劇の舞台と映画のシーンの二重の意味で用いよう〔« scène » は演劇的

「舞台」と映画的「シーン」の双方を指す〕。請け合ってもいいが、アリストテレスなら映画を大いに好んだはずだ。思うに私たちは、ホメロスが夢見たアキレウスの楯や、〔ジオノの〕ジャン・ル・ブルーが夢見た《イカロスの墜落》からそれほど離れてはいないのである。

＊

物語世界内へと侵入するこの能力は、作者によって自由気ままに使われる一方、物語世界外の世界に住むもう一人の住民、すなわち読者にも及びうる。先に見たように、スターン、そしてそれに続くディドロにおいても、すでに読者への偶発的な呼びかけの例には事欠かなかった。とはいえそれはまだ、読者を一人の完全なるフィクションの登場人物へと化すものではなかった。主要登場人物ではなおさらない。せいぜい、「連合（association）」という文彩によって、作者の手下になるようなものである（訳注48）。私たちが先に見た、自分が読んでいる最中の小説の登場人物に裏切られて殺されたあの読者については、これがコルタサルの短篇小説の読者ではなく、彼自身もこの短篇の中の虚構的登場人物であることを思い起こしておこう。コルタサルは、この登場人物に対して二人称で呼びかけることを差し控えている——ウッディ・アレンが彼の象徴的なクーゲルマス教授に対してそうしなかったように。

フィクション的物語世界の中に、物語世界外の潜在的な読者が（当然ながらフィクション的に）導き入れられることは、これとはまったく別の文彩の、というより別のフィクションのケースとなる。他にも多くあるだろうが、依然として伝統的な物語の体制に属しているバルザックの小説に、この一例を見つけられる。それが見られるのは『あら皮』の冒頭だ。ただしこの手法が介入してくるのは、まったくもって古典的な様相を呈する冒頭部分（「先の十月末頃、パレ＝ロワイヤルに一人の青年が入っていった……」）の後、ようやく第三段落になってからであり、またその範囲も三ページ目を越えることはない。そのためこの手法には、半分描写的で半分哲学的な始まりの機能が備わることになるのだが、それは、『金色の眼の娘』の最初の数ページで、パリ社交界の光景《タブロー》が賑々しく引き受けている機能からさほど遠いものではない。周知の言い回しに従った「あなた／あなたがた（vous）」という二人称は、単数形として適用される場合（個別の読者としてのきみ（toi））と、複数形として適用される場合（現実的あるいは潜在的な読者としてのあなたがた全員、さらに言えば人間一般）の間にみられるよく知られた曖昧さを示しているが（訳注49）、ここではどちらかというと、賭博の世界を一般化して、あるいは普遍的事実として喚起する以下の言葉とよく調和した、不定〔代名詞〕（「人（on）」）の等価物である。

あなた（vous）が賭場に入るとき、まず法によってあなたは帽子をはぎとられる。福音と摂理の寓話であろうか？　むしろそれは、なんらかの担保を要求して世にも恐ろしい契約をあなたと結ぶやり方なのではないか？　あなたの金を巻き上げる人びとの前でも恭しい物腰を保つことをあなたに強いるためではないか？　社会のあらゆる掃き溜めに潜む警察が、あなたの帽子屋の名前や、あなたが帽子に書き入れたならあなた自身の名前を知ろうとしているのではないか？　しまいには、あなたの頭蓋の寸法を採り、賭博者たちの頭脳の容量についての有益な統計を作成しようというのではないか？　この点について当局は完全なる沈黙を貫いている。だがよく知っておいて欲しいのだが、緑色のクロス〔賭博台〕の方へとあなたが一歩でも歩みを進めるや、あなたの帽子はもはやあなたのものではないし、あなた自身ももはや自分のものではなくなっている。つまりあなたは――あなた、あなたの財産、あなたの帽子、あなたの杖、あなたの外套は――賭けられているのだ。そこから出るとき、残忍な警句を実行しているといったように、賭博は預かり荷物をあなたに返すことで、あなたにまだ何かを残しているのだとはっきり教えるだろう。ただしもしもあなたの帽子が新しいなら、あなたは身銭を切って賭博者なりの衣装を拵えねばならないと学ぶだろう。[81]

＊

もっとも有名な事例[82]は、ミシェル・ビュトールの『心変わり』において、同じ方法によって、つまりは主人公その人を二人称代名詞（礼儀的複数の属性を持つ単数形で用いられたフランス語の「あなた（vous）」）で指す――「あなたは銅でできた溝に左足を乗せた……」――という、効果的かつ経済的な方法によって示されている。もしかすると、効果的というより経済的であるかもしれない。というのもパラテクストや（すくなくとも文庫版の裏表紙の折り返しには「だがこの三等のコンパートメントの中にいる主人公は、読者よ、あなただ」とある）、それに続くほとんどの注釈は、この「二人称」と読者を指す二人称を完全に同一視しているが、そうするべきなのかどうかは明白ではないからだ。実際のところ、『あら皮』の（ほんの一瞬しか現れない）「あなた」のような不確定状態におかれた二人称とはまったく異なり、ビュトールの小説の主人公は、筋の展開によって強いられることで、ほどなくして彼を個別化する特徴を備えるようになる。たとえレオン・デルモンという明白に同一化を思いとどまらせる固有名だけをとっても、またこの固有名が、初めはL. D. という頭文字、次に姓のデルモン、その次に名前のレオンと、目立たぬやり方で——実はわざと目立たなくしているのだが——テクストに忍び込むものであったとしても、それは、いかなる小説の登場人物、つまりこの虚構世界の外部にいる誰一人として本気では引き受けられない登場人物と同程度に、あるいはそれ以上に彼を個別化する特徴なのである。私の思い違いでなければ、ここでは主人公の完全かつ公式な身元《アイデンティティ》はただ一度しか述べられておらず、それも『失われた時を求めて』の〈語り手〉の名前と同じくらい細心の注意が払われ、（仮説的であるという理由から）曖昧にされた言い方である。すなわち主人公は、コンパートメントの隣人の書類鞄の中に、以下の課題が記された紙があると想像するのだ。「あなたはレオン・デルモン氏であり、恋人であるセシル・ダルセラに手紙を書くと想像しなさい……」これは婉曲的とはいえ、反論の余地を残さない手がかりである。というのもこの文脈によって、二重の意味で想像的なこの「氏《ムッシュー》」を主人公その人とみなすことを、明らかに強いられるからだ。[83] この名前というアイデンティティは、現実的または潜在的な読者と登場人物の同一化の可能性を完全に排除する（それゆえここでも、同一化を阻むべくテクストが精緻に示すことと、先に引用したパラテクスト的呼びかけの間には、しばしば観察できるような矛盾が——意図的であるか否かを問わず——見られる）。私には、このようなアイデンティティが、フィリップ・ルジュンヌ[84]が示唆した解釈に対するさらに根源的な反駁になるように思われる。彼ならこの「あなた（vous）」の中に、主人公が自分自身に向けて言葉をかけるやり方の一つを見て取るだろう。たとえばアポリネールの「ゾーン」（「おまえ（tu）はとうとうこの古い世界にあきあきした……」）や、〔コルネイユの〕『シンナ』第四幕のオーギュスト〔アウグストゥス〕（「オクターヴ、おまえ自身（toi-même）を省みよ、そして嘆くのはやめるのだ……」）、あるいはより倒錯的な曖昧さを示すヴァレリーの若きパルク（「不可解な〈私〉よ、それにしても、おまえ（tu）はまだ生きている！」）がそうだが、これと同様に、私たちの誰もが、様々な状況で自分に語りかけることが普通にある——この解釈に従った場合、ここでの「あなた（vous）」は、「人称の転用語法」と修辞学が呼ぶものによって文彩化した「私（je）」となるであろうし、それゆえ『心変わり』は装われた等質物語世界的フィクションになるだろう。ルジュンヌはまさしくこの方法でジョルジュ・ペレックの『眠る男』の「おまえ（tu）」を解釈している。こちらのほうは、そもそもフィクションの度合の少ない体制で書かれているのだが、彼の解釈にもう少し適合しそうである。要するに私が言いたいのは、自分自身に話しかけるとすれば、（当然フランス語では）礼儀的なものであるにしても、二人称の複数形（vous）よりは単数形（tu）を用いるほうがずっと自然だということだ。どれほど頻繁に機会があるとしても、私は、「あなたはまたもやヘマをしでかしましたね（vous vous êtes encore planté）」などと自分に言っているところを想像しがたい。ただしそれは、私が貴族的な「あなた（vous）」を十分に実践していないからなのかもしれない。自分の家族を「あなた」の敬称で呼ぶ（vouvoyer）ようになれば、自分自身をも「あなた」の敬称で呼ぶことができるようにきっとなるのだろう。ともあれ、二人称が絶え間なく用いられ、他のあらゆる小説と同様、この小説の着想における自伝的部分をめぐっていかなる仮説を立てることが可能であるにしても、実際のところ「レオン・デルモン」というのは、文法的技巧によって覆い隠された異質物語世界的物語の一登場人物でしかありえないのである。この小説における読者のメタレプシス（「作者のメタレプシス」という「古典的」なモデルを手本にして言うなら）は、自らの場所を求め、自らを拡大し、自らを劇化しようとするあまり、自らを消耗させてしまうのである。

＊

イタロ・カルヴィーノは、『冬の夜ひとりの旅人が』の中で、彼の潜在的な男性、女性の読者〈男性読者〉と〈女性読者〉をよりあからさまに巻き込んでいる。というのもここでは「あなた（tu）」と「あなたがた（vous）」が、この題名を冠した小説そのものに関与する二人の〈読者たち〉を特定的に指し示すからだ。実のところこの「小説」は、むしろ連続した十の短い物語（別のかたちで提示されていたら十の短編小説と言えるかもしれない）から成っている。それらはいろいろなかたちで頓挫した一人称小説の冒頭部分として提示されているのであるが、それらを生み出した作者たちも異なり、またそれぞれの物語世界相互の関係もないものとされている

〈読者＝登場人物の一人は「『風も目眩も怖れずに』は『切り立つ崖から身を乗り出して』ではなく、また この後者は『マルボルクの村の外へ』ではなくて、さらにこちらのほうは『冬の夜ひとりの旅人が』とは 別物だ」と認めている〉(85)――ただし、一つの万華鏡から次々と生み出される多彩な模様の配置が 保つような関係はあるかもしれない（この類比《アナロジー》は一つの章の中で長々と明らかにされている）。文体的関係もこれ以上にあるわけではない。これらの物語は、それぞれ独自の調子を帯びているのであるが、とはいえパスティーシュ的な筆づかいが心持ち見られることも確かである。『うつろな穴のまわりに』は少なくともボルヘスの「パンペロ物語《コント》」(訳注50)のいくつかを喚起しており、それに加えて二、三度は(86)「物語《コント》が言うところでは……」という中世の定型表現を遊戯的に用いている。語り手の機能を既存の物語と自分自身の読者をつなぐ単なる仲介者としていたこの定型表現は、独自の流儀でメタレプシス的なものである。同様の例は、シデ・ハメーテ・ベネンヘーリの翻訳者であり、それゆえドン・キホーテの父ではなく単なる「義父」だと自称するセルバンテスにも見られることになるだろう。カルヴィーノの小説に戻るなら、一度か二度の違反を別にすれば、〈男性読者〉と彼のパートナーによる介入が占めるのは書き加えられた章の系列であり、私たちは常にそこで、上記の物語やそれらの物語上の「錯綜」を読んで解釈する彼らの姿を目にすることになる――そして十分に予測可能なかたちで彼らを恋愛関係へと、最後には婚姻関係へと導くこの活動が、小説内で唯一連続する物語世界を構成するのである。虚構の〈男性読者〉は匿名であるが〈彼のパートナーの方はルドミッラ・ヴィピテーノと名づけられている〉、第七章の語り手――話を簡単にするためにカルヴィーノ本人ということにしておこう

——は、お馴染みの理由によって、この消極的な選択を正当化している（ここで彼は〈女性読者〉に初めて語りかけている）。

この書物は、これを読む〈男性読者〉[訳注51]が読まれている〈男性読者〉と同一化する可能性を彼に開いておくよう、ここにいたるまでもっぱら注意を払ってきた。こうした理由で、読まれている〈男性読者〉の方には名前がつけられていない。名前は自動的にこの者を〈三人称〉、つまり一個の登場人物と同一化させてしまったはずだ（他方であなたの方には、〈三人称〉であるから、ルドミッラという名前を与える必要があった）。彼の方は、どのような属性や行為もとりうる代名詞の抽象的カテゴリーに留めおかれていたのだ。

この動機はもう少し先のところで変調し、次のように述べられる。

〈男性読者〉よ、この書物がきみを見失っているなどと思わないでくれ。〈女性読者〉へと移されたこのきみという呼称は、文が一つ変われば再びきみに向けられることだってある。きみは相変わらずきみでありうる多くのきみの一人なのだ。誰があえてきみの喪失を無理強いしたりするだろうか。それはわたしの喪失に負けず劣らず恐ろしい破滅なのに。二人称の言説が小説となるためには、彼や彼女、あるいは彼らという群れをなす呼称から離れて浮き出る、互いに区別され、同時に生起するきみが少なくとも二つは必要なのだ。

あるいはさらに次のようなものもある。

〈男性読者〉と〈女性読者〉よ、あなたがたはいま共にベッドにいる。それゆえあなたがたに二人称複数形で言葉をかける時がやってきたというわけだ。重い意味をもつ作業だ、なぜならこれによって、あなたがたを単一の主体として捉えることになるのだから。乱れたのシーツの下で解きほぐしがたくもつれあったあなたがたよ、私はあなたがたに話しかけているのだ。このあとであなたがたはそれぞれ別行動をはじめ、そうすると物語は、女性形のあなたから男性形のあなたへと移行するために、ふたたびギアチェンジの操作を交互に努めなければならなくなるかもしれない……。(87)

虚構の〈男性読者〉(「読まれている者」)は断固として匿名のままであり、それゆえ可能なまたは現実の読者(「読んでいる者」)が彼に同一化しようとする努力に対しては、潜在的に「開かれて」いる。さらにこの同一化は、最後の文が飾り立てようとするものでもある。ベッド脇のランプを消す前に、〈男性読者〉は彼の妻の〈女性読者〉にこう告げる。「僕はちょうど今、イタロ・カルヴィーノの『冬の夜ひとりの旅人が』を読み終えるところだ。」つまり、現実の読者であるあなたや私と同様に読み終えるというわけだ。だがこうした締めくくりにもかかわらず、この「小説」の男性や女性の読者たちが、足並みを揃えてこの愛すべきエピローグへと難なく到達し、同一化――カルヴィーノは、『心変わり』が要求する読者＝主人公よりもはるかに真面目に、読者たちにそれを促すふりをしている――を実行するかどうかは疑わしい。

＊

（ほぼ）日常的な生活のいくつかの状況に見られる二人称の事実的物語の場合では、〈読んでいる＝読者〉と〈読まれている＝読者〉の同一化という、この厄介な問題が生じることはもちろんない。その状況とは、どちらかといえば口頭的な体制でなされることが多いのだが、たとえばラジオによる作家のプロモーション的インタビュー（「アルベール・デュシェーヌさん、あなたは〈魚を捕る猫《シャ＝キ＝ペッシュ》〉出版から最初の小説を出しました、おそらく一部は自伝的な……」）、ジェームズ・リプトン〔アメリカの俳優、脚本家、アクターズ・スクールの副学長。著名な俳優を招いたインタビュー番組の司会者として知られる〕やティエリー・アルディソン〔フランスの著名な司会者〕といった司会者たちによる、有名人たちを対象にしたテレビの「インタビュー＝人物描写《ポルトレ》」（当事者が愛想よく驚いてみせながら「しかしなんでまたそんなことを知っているんですか？」と尋ねるあれだ。また別の番組の宣伝文句には「ゲストが自分自身について知るインタビュー」とある）、警察官、予審判事、あるいは法廷での検事が容疑者を前に執り行うことがある「事実」の復元（「あなたは十九時三十分に被害者宅に侵入しました……」）、アカデミーの入会演説（「ムッシュー、あなたは……」）、またはその他の生前になされる賛辞といったものである。私は「生前」ということを明確にしておきたい。というのも、追悼演説その他の死後の賛辞で用いられる二人称は（「ここに入るのだ、ジャン・ムーランよ……」）〔訳注52〕、メタレプシスよりむしろ不在時《イン・アブセンチア》の頓呼法となるからである。このような賛辞が「差し向けられる」死者は、実際に彼がそうであったと語られる英雄に同一化する——あるいはしない——状態にもはやない。ラモーの甥が力説したように「死人は鐘の音を聞かない」のである。一方、インタビューに応じる者、被疑者、アカデミーの新会員は、自分自身の人生をめぐって、あるいはしかじかの状況下における自分の行動をめぐってなされる物語の内容に異議を申し立てたり、また可能な時にはそれに修正を加えることがあるにしても、二人称代名詞によって指し示され、物語の受け手であると同時に主人公である人物（他の誰でもない彼自身）の身元《アイデンティティ》に関しては、いささかの疑念を生じさせることもできないのである。

それゆえビュトールまたはカルヴィーノのようなフィクション作家における難しさの原因は、「あなた／あなたがた」や「きみ」といった代名詞の用法にではなく、語られた物語やその主要登場人物がフィクションとして決定づけられているという性質にあるということになる。自分自身もそれとは別の仕方で決定づけられている現実の読者は、誰ひとりとしてこれに本気で同一化しえない——結局のところ、他のあらゆる小説に比べて、ここで同一化の程度がさらに高くなることはないわけだ。〔スタンダールの〕『パルムの僧院』が二人称で書かれていたとしても、私がその主人公ファブリス・デル・ドンゴになったりはしないだろう。他の場合と同様にここでも、メタレプシスは偽装の一つ、または誰もが知る遊戯の様態——「それとあなた、あなたはお店の人ね……」——でなされる、純粋なロールプレイングの状態にあるのだ。その昔ギリシア人が自分たちの神話に対してそうしたように、またかつてカトリック信者たちが処女懐胎に対してそうしたように、そして最近では活動家たちが〈人民の父〉〔スターリンのこと〕の天才や、〈偉大なる舵取り〉〔毛沢東のこと〕の叡知に対してそうしたように、人はこれを信じることなく信じるのである。おそらく、信じる程度はそれらよりも少ないだろうが。

*

テクスト上でどのような振れ幅や連続性を示すにせよ、〔二人称をめぐる〕この種の技巧は間違いなく例外的なものであるのだが、もう一つの人称的な作用、すなわち事実的体制でも虚構的体制でも〔周知のように後者は「形式的ミメーシス[88]」という手段によって前者から作られる〕、自伝的と呼ばれる言説――この用語の重要性は全体的に評価されねばならない――を作動させる人称的な作用のほうは、同じように例外的と言うことはできない。自伝作家〔ルソー〕あるいは回想録作者〔シャトーブリアン〕の私、「一人称」小説の語り手の私〔『アドルフ』のアドルフ、『異邦人』のムルソー〕、そしてオートフィクションという中間領域――昨今のメディアでのエスカレートぶりを見ればもはや中間領域とは言えないが――において行使されるあいまいな私。これらは、ある使用域《レジスター》〔発話行為のそれ〕から別の使用域《レジスター》〔発話のそれ〕へと移行する――その反対も同じである――典型的な道具であり、言語学者たちがシフター〔あるいは転位語〔「指呼詞」ともいう〕〕と呼ぶ範疇に属している。〈私＝語り手〉と〈私＝登場人物[89]〉という二つの審級が同一の代名詞を共通して用いることは、もちろん伝記的同一性《アイデンティティ》によって正当化される――すなわち一七一二年にジュネーヴで生まれたジャン＝ジャックが、戸籍上の身分も遺伝子コードも変えることなく、一七六四年から一七七〇年にかけて筆を執ったルソーへと少しずつ生成してゆくということである。だが、論理学的意味で数的な――またクリプキ(90)が言ったように、名はそれを担う人物の身体的、心理的あるいは役割的な変化とは無関係の「厳密な指示詞」であるから、やはり論理学的意味において名辞的な――同一性《アイデンティティ》に守られた審級の二元性を感じ取ってそれを劇化したのは、一七七二年から一七七六年の間に対話『ルソー、ジャン＝ジャックを裁く』を書いたジャン＝ジャック・ルソーをもって終わりというわけではなかった。そして、多かれ少なかれ若い主人公と、必然的に「それより若くない」発話者――あらゆる自己物語世界的物語の発話者がそうである――の間の時間的距離が次第に縮まってゆくからといって、生きること――たとえそれが「はやい時間に床に就く」ということに過ぎなくても――と、生を語ること――たとえば「長いこと、私ははやい時間に床に就いた」と書くこと――の二つの機能を隔てる差異は、まったく縮減しないのである。報告と自省、あるいはそのどちらかを行う毎日の時間が始まる瞬間に、自らの「活動中の」生が中断することを少なくとも知っている日記作家なら、誰しもこの差異を体験しうる。これら二つの審級が完全に混ざり合って一つになる唯一の様態は、登場人物が行動し、それと同時に自らの行動を記述する、〔エドワール・デュジャルダンの〕『月桂樹は切られた』式の行為中の《イン・アクトゥ》「内的独白」に認められるが、この種の言説――著しくフィクション的だ――が、いかなる現実の、さらには可能な行動にも対応しないことは誰もが知っている。ただし、（我ハ《エゴ》）思ウ《コギト》と表現されるあのミニマリストな内的独白は、いかなる身体的行動からも、さらにはいかなる（その他の）思考内容からも純化されているがゆえに、例外といえるかもしれない。例外か否かという点についてあえて決着をつけるつもりはないが、ともあれ私には、我思ウ《コギト》が意味するところは「私は思う（je pense）」よりもむしろ「私が思うと私は言う（je dis que je pense）」であって、また言う者がすなわち思う者にはならないかもしれないと感じられるのである。

*

この明白な審級の差異は、〈私＝登場人物〉が位置する世界と〈私＝語り手〉が位置するこれとは別の世界の間の区別を、あるいは二次的な自己物語世界的物語、ここではフィクション的体制から例をとることにして、パイアーケス人のところでオデュッセウスが語った二次的な自己物語的物語の場合について言うならば、語られた〈私＝登場人物〉が位置する世界（ポリュペーモスのもとでのオデュッセウス）と、（すでに登場人物だが）「自分」語りをする〈私＝語り手〉（アルキノオスのもとでのオデュッセウス）が位置する世界の間の区別等を引き起こし、またそれらを正当化する。事実、ある物語が喚起する世界は、時間と空間の両方またはそのどちらかにおいてどれほど近いものであるにせよ、その聴き手や読み手にしてみれば、物語の対象というまったく言語的な存在以外に存在のよりどころをもたず、また現実かフィクションかというステイタス自体も、その物語に帰せられた真実性の度合に完全に左右される。要するに、オデュッセウスが本当のことを言っているならその物語は事実的であり、彼が作り話をしているならその物語は虚構的であるということになるのだが、その物語を聴くパイアーケス人が二つの仮説の間で決断を下す手段は、丁重さを別にすればほとんどない。そして後者の場合なら、この物語の中で（あるいはこの物語によって）表象される虚構的物語世界——作り話をするオデュッセウスによる想像上の旅についての物語世界——が、物語行為が位置する物語世界、つまりはアルキノオスの「現実」の宮廷に対し、存在論的に異質であることは言うまでもない。また前者の場合であれば、現実とフィクションの間のこのように根源的な区別はもちろん消えるが、その一方でこの物語世界にやはり根源的に備わっている言語的性質が消えることはない。パイアーケス人の聴き手たちにしてみれば、自らの耳と、客が語ることの信憑性に対するそれなりに正当化された信頼の他は、物語世界にアクセスする手段がないのである。この単純明快な判断基準以上を求めないのなら、オデュッセウスの物語によって、キルケーやポリュペーモス、あるいは不幸なエルペーノールといった——「現実」あるいはフィクションの——登場人物たちがアルキノオスの宮廷に導き入れられたりはせず、それらはただ言語的に喚起されるのみということになる。こうした言語的喚起によって、聴衆や、彼らの前にいて触れようと思えば触れられる語り手オデュッセウスが備えるような現実性《リアリティ》を、これらの登場人物たちが授かることは一切ない。

ところで一見そうはみえないが、一次的な（つまり「現実」かつ物語世界外の語り手を備えた）

自伝的物語が備える性質も同じである。つまり、ルソーの『告白』の同時代の読者たちはこのテクストの作者に会うことはできたが、しかしその対象（ルソーによって語られたジャン゠ジャックの生）にアクセスする手段として彼らが有していたのは、真実かどうか分からないこのテクストのみであった。もちろん現代の私たちにしてみれば、『告白』の作者にアクセスする手段が、その「主人公」にアクセスする手段とまったく同様に媒介された（つまり書物から得られた）ものである以上、このような差異はもはやさほど明らかではない。だがこれら二つの媒介物は、その性質においても程度においても異なっている。私たちにとって『告白』の作者ルソーの人格は、ある種の物語（歴史的物語）の対象であり、ジャン゠ジャックの人格は、それとは別種の物語（自伝的物語）の対象である。ということは、私たちにとっては『告白』の対象がそれ自体で歴史的対象になったということである。ルソーは歴史的な人物であり、ジャン゠ジャックはこの歴史的人物によって生み出された物語の主人公だ。この両者が事実上どれほど近いものと受け止められるにしても、後者の物語世界が前者に含まれるということは、オデュッセウスの冒険の物語世界がパイアーケス人のもとでなされる物語からなる物語世界の中に含まれることと同じである。別の言い方をするなら、『告白』の作者であるルソーの生はルソーによって生きられたものであり、『告白』の主人公ジャン゠ジャックの生はルソーによって語られたものであって、私たちにとっては（彼独自の歴史を含む）一般的な〈歴史〉である一次的物語に対し、彼が語るジャン゠ジャックの生の物語のほうは、必然的に二次的なものとなるのである。それゆえ『告白』は、私たちにとって、歴史的物語世界に対するメタ物語世界を構成するということになる。ルソー自身にとってこれが何を構成していたかということは、私たちにはあまり関わりがない問題だ。

ついでに以下のことを見ておこう。この一人称代名詞の価値は、二人称代名詞の場合とは異なり、事実的物語と虚構的物語との間にある制度上の差異にはまったく影響されない。「きみ」にせよ「あなた／あなたがた」にせよ、事実として差し向けられた言葉の受取人は、個人でも集団でも、常に現実に属する者として定義されている。この差し向けられた言葉の対象として本気で自分を認識するのは、私の話し相手、文通相手、実際の聴衆、そして潜在的な公衆といった人びとである。だがフィクションの物語世界に入り込んだビュトールやカルヴィーノの物語の受け手は、それ自身が単にフィクションの登場人物、つまり先にみたように、物語の現実の受け手からすれば本気で同一化することはできない登場人物だ。その反対に、自伝的発話行為の「私」は、常にその発話の「私」と——数的に——同定されるのであり、それはこの「私」が現実的（ルソー）であっても、虚構的（ムルソー）であっても、半分虚構的（『ノア』のジオノ）であっても、あるいは不確定（ラサリーリョ、マリアナ・アルコフォラード〔『ポルトガル文』の作者であると考えられていた人物〕、『修道女』のシュザンヌ〔ディドロの作品〕。つまりそのステイタスが知られていないか、あるいは誤って考えられているために不確定ということだ）であっても同じである。最後に挙げた三つについては、そのフィクション的性質が事後的に明らかになることで、それまで知られていなかった新たな審級（つまり作者の審級）が導入可能になるのだが——ただし他の多くの例のように、『ラサリーリョ・デ・トルメスの生涯』の作者の審級が匿名であることには変わらない——、それによって〈私＝語り手〉と〈私＝語られる者〉の審級の間の数的同一性という関係が変わることはまったくない。この両者の審級は、いかなる場合でも数的に不可分であり、そして機能的には相互に還元不可能なのである。

*

もっとも、これ以上ないほど本気で書かれた自伝であっても、ここにみられる興味深い曖昧さをいろいろなかたちで用いることができる。シャトーブリアンをみてみよう。「私の『回想録』のこの部分を読む者は、私がこれを二度中断したことに気がつかなかっただろう。一度はイギリス王弟ヨーク公に盛大な晩餐を供するためであり、もう一度は、七月八日に、フランス王のパリへの帰還を記念する宴を催すためである（訳注53）。この宴には四万フランの費用がかかった(91)。」『回想録』のこの部分では、はるか昔となった一七九三年から一八〇〇年にかけてロンドンに亡命したときのことが語られているのだが、それを一八二二年に書いているのは、ルイ十八世の大使となった「同じ」シャトーブリアンである。それゆえ作者は、ここで三重の「アイデンティティ」——かつての腹を空かせた亡命者、その後の贅沢を好む外交官、そしてそれら二つの自身の分身を比較して楽しむ回想録作家——をうまく利用しているのである。事実、事情を知らない読者にしてみれば、第一の「私」が思い出されている途中に、第三の「私」が第二の「私」によっていかなる性質の中断を被ったかなど知る由もないのだが、明らかに作者は、それをどうしても読者に知らせたかったのである。

*

「私」という代名詞——もしくは、あえて言うなら、自伝の語り手と主人公に共通する固有名——の曖昧さは、かなり明確に「メタレプシス操作子（opérateur de métalepse）」と呼べるものを形成する。共通言語のレベルにおいては、言語学でいう転位語（前述のシフターに同じ）の概念がその等価物となる。というのも、私たちが目下取り組んでいる物語世界の階層の差異は、当然のことながら自伝——口頭のものであれ書かれるものであれ、また事実的なものであれフィクションであれ——のみに存在するわけではないからだ。自己についての自己による言及は、それが現在形でなされ、どこまでもありふれた、さらに状況を可能な限り単純化するために言うならもっとも誠実なもの——「私はあなたを愛しています（Je vous aime）」——であったとしても、一言でもそれが述べられるや、（代）名詞の単一性によって隠された、あるいはむしろそれによって否定された審級の二元性を作動させる。要するに、愛することと、誠実にであっても、愛していると言うことは、別のことなのである——このような事実確認的（あるいは断言的）様態であれ、あるいは行為遂行的（または「あなたに結婚を申し込む」という宣言的）な様態であれ、「私」という代名詞は人を欺き、そのように考えることを妨げるのではあるが。

　それゆえ自己についてのあらゆる発話、したがってあらゆる物語——一次的であれ二次的であれ、また現実的であれ虚構的であれ、この種の発話を含むかそれを展開させるあらゆる物語――を含むあらゆる言説を、この意味でメタレプシス的であると見なすことができる。この型のメタレプシスの幻想性はおそらく他に比べると明らかではないが、私とはつねにまた他者でもあるということが本当なら――そしてそれは本当なのだから――、それは私たちが自分自身について言いうるないしは考えうると信じているあらゆることの核心に、より密やかにその場を占めるのである。シャルル・ド・ゴールやアラン・ドロン、あるいは『ガリア戦記』のカエサルや『ヘンリー・アダムズの教育』のヘンリー・アダムズのように、自分のことをつねに三人称で語ることは、ある意味でより適切で、さらには逆説的により慎み深いということにもなろう。これは、自分自身のアイデンティティを軽々しく頼りにしすぎないための方法の一つかもしれない。

ガートルード・スタインの手法がこうした入念さに由来していると言えるかどうかは分からない。『アリス・B・トクラスの自伝』という逆説的なタイトル（表紙に記された作者名がすでにアイロニカルな矛盾を示しているのだから）をつけ、彼女（自身）の生を自分の秘書かつ腹心の女性に語らせるふりをすることで、彼女はこの異化をもう一回り深化させた。このスタインの秘書たる女性は、猫や犬やら料理やら庭仕事やら原稿やらといった「日常生活を送るための無数の世話[92]」に忙殺されるあまり、自分の証言を書き取るための文筆活動を――ただ文筆活動のみを――著名な作家である友人に委ねたとされる。もっとも、ナボコフの『セバスチャン・ナイトの真実の生涯[93]』で、主人公の腹違いの弟である語り手が言っているように、「作家の秘書になることと、その作家の伝記を書くことはまったく別のことである」（ボズウェルがいるではないかと反対されるかもしれないが、彼は厳密にいってサミュエル・ジョンソンの秘書ではなかったと思われる）。これ以降、他人が書く偽《アロ》=自伝《グラフ》というジャンルはおおいに広まったが、スタイン的な役割交換は見られない。『ハドリアヌス帝の回想』の中でマルグリット・ユルスナールの筆を通じて自分の人生を語るとされているのは皇帝その人であって、たとえば彼のお気に入りであったアントニウスではない。ここで（私の言いたいのは、ガートルード・スタインを経由したアリス・トクラスの場合ということだが）「私」が指し示すのは、この証言者――このように他人の皮を被り、自分自身のゴーストライターとなった作家を、当然といえば当然だが好意的に見守る見物人――以外の者ではないのである。こうした錯綜する原著者《オーサーシップ》ないしは母子関係の探求を解きほぐそうとするなら、権利の配分がいかになされているかを一瞥してみることが役に立つかもしれない。

*

アイデンティティをめぐるこれらの遊戯がその頂点に達するのは、おそらく（ナボコフの）『青白い炎』においてではないだろうか。この小説――一篇の詩についての注釈というきわめて付随的なかたちを装ったもの――では、主人公が二人の人格に分裂している。すなわち自分自身について、また自分の同僚、隣人そして友人でもある詩人ジョン・シェイド（タイトルの起源となった詩の作者）について証言する一介の教授にして、等質物語世界的な語り手であるチャールズ・キンボートと、〔はやくに廃位させられ亡命した〕ゼンブラ国の国王チャールズ二世であり、キンボートはこの王の治世、愛、そして逃亡を言うまでもなく異質物語世界的な三人称で語るのだが、これら二つの審級がおそらく（sans doute）合流して一つに溶解し、王の殺害者グレイダスの標的となる――だが実際のところこのグレイダスは、不手際のせいか倒錯のせいかは分からないが、ただ罪のない詩人のみを撃つことになるだろう――にいたって事情が変わる。この小説を予め読んでいない読者は、いかなるためらいも放棄しないでいただきたい。私の「おそらく」は「疑いなく（sans aucun doute）」を意味しないのだ。この分裂的な物語に散りばめられた徴候は、〔登場人物についての〕以下のような仮説の余地を残すほど曖昧に作用する。「想像上の王を殺そうとする狂人、自分自身がその王だと想像する別の狂人、そしてたまたま弾道の途中に身を置いて二つの虚構の間の衝突で命を落とす、才能豊かな老詩人。[94]」またとりわけ、ジョン・シェイドが適切に反論した次の物語論的論証についても、これを確実な徴候とは見なさないでいただきたい。「しかしいったい、きみの恐ろしい王をめぐる個人的な事柄すべてが真実であると、どうしたらきみは知ることができるのかね？[95]」こうした個人的な事柄すべてをキンボートが「知る」方法は三つしかなく、そのどれを取るかは読者に任される。それはまず、彼が王その人であるから（どうやらそれが老詩人の察したところである）、次に、彼は自分自身が王であると信じており、それゆえそうした事柄を知っていると信じているから（内的焦点化のかたちでそれらを「報告」するにはこれで十分である）、そして最後に――おそらく同じことだが――彼が一から十までそれらをでっち上げているからだ。偽る者は誰より事情に通じているのであり、狂気は最高の洞察なのである。

*

おそらくこの調子でメタレプシスに併合できるのは、物語上の役割が変化することで登場人物のアイデンティティが最後の瞬間に否定される、幻想的ではないが逆説的あるいは詭弁的《ソフィスト》な物語である。ボルヘスが『伝奇集』(96)に収めた物語《コント》の一つ「刀の形」は、その代表的な例である。語り手は宿屋のような場所であるイギリス人に出会い、その人物から、彼の顔に残された傷跡の由来を聞かされる。それはヴィンセント・ムーンという名の卑劣な密告者と戦って勝利した際に負った傷だということだった。だが物語の最後にたどり着くと、このイギリス人は役割を反対に配分していたことを明らかにする。つまり彼は、自分が称していた者ではなく、もう一方の人物すなわち密告者その人であったというわけだ。「あなたに最後まで聴いていただくために、こんなふうに物語を語ったのです。私は自分を守ってくれた人物を告発しました。私がヴィンセント・ムーンです。さあ、どうか私を軽蔑して下さい。」より単純にと言って良ければ、いつまでも古びないマーク・トゥエインの双子の物語も、詭弁を突き詰めて主人公＝語り手に次のように言わせる限りでやはりその例である。「私たちはまったく同じ双子だったんです。私たちのどちらかが幼くして死にました。みんなは私の兄弟が死んだと思いました。これまで私だけが、死んだのはじつは私のほうだったと知っていたのです。今ここの恐ろしい秘密をあなたに打ち明けます。哀れんでください。[訳注54]」さらに、自己物語世界的な語り手がこっそりと、知らせもなしに一つの役（自分の兄弟〔実際は友人〕シャヴィエルを探す主人公）から別の役、すなわちシャヴィエルその人へと推移するアントニオ・タブッキの『インド夜想曲』[97]の例もある――こうした追う者の追われる者への同一化は、少なくともメタレプシス的なものとしては、『セバスチャン・ナイト』の末尾においてすでに認められていた。[訳注55]あるいは最後に（とはいえおそらく私は多くのものを忘れているだろう）、コルタサルの物語《コント》「夜、あおむけにされて」[98]の例が挙げられる。ここではオートバイの事故で入院した主人公が、自分はかつてアステカ族の敵どもに追われたモテカの戦士だという夢を見る。彼が病室で目覚め、その都度またその妄想に沈み込むことを何度か繰り返しながら最後のページまで進むのだが、そこで読者は幻影と現実の関係がまったく逆であったことを理解する。つまり主人公は追跡者たちによって死刑に処されようとしているモテカの戦士に他ならず、オートバイの事故やそれに続く病院の夜のほうが彼の末期の幻想――空調が効いた時代錯誤の楽天的悪夢――以外のなにものでもなかったというわけである。相互的ないしは循環的メタレプシスのかたちをとる有名な中国の寓話がある。自分が蝶である夢を毎晩みる皇帝〔実際には思想家〕荘子は、自分が皇帝である夢を毎晩みる蝶かもしれないが、それは自分がシドロランであるという夢をみるオージュ公と自分がオージュ公であるという夢をみるシドロランと同様に、「結局のところ」まったく同じことなのである。[99]またここでは、一つの手がもう一つ別の手を描いているが、そちらの手も第一の手を描き、また同様に……という相互的かつ無限の状況を示したエッシャーの有名なデッサンにも言及しないわけにはいかないだろう。

＊

夢が「現実」（ナボコフが言うには、必ず括弧に入れて用いるべき語）に対して取り持つ関係は、さまざまなメタレプシス的策略を生み出しうるものだが、その理由は単純である。夢みるという行為は夢みる者の生に——原則として、その逆があり得ないとするなら——含まれており、そしてそうした夢の物語は、必然的にその者の生の物語に組み込まれるからだ。厳密に言えば、このような組み込みが物語世界上の水準を変化させることはまったくないはずである。というのも、夢の出来事やヴィジョンの展開は、当の人物によって生きられ、彼自身あるいは外部の語り手によって持続的に報告される中に、物語的審級の変化を伴うことなく含まれるからである。仮に私が午前三時から四時にかけて夢をみたとしたら、その時間の間、私の意識的生にそれ以外のことは何一つ起きていなかったということになる。そして私はこの夢の時間の物語を、同じ調子《レクト・トノ》で、また面倒な手続きを踏むことなく、私の生の全体的な物語に収めることができるはずなのである。「午前二時から三時にかけて私はワグナーを聴いた、三時から四時にかけてはポーランドを侵略するという夢をみた[100]、四時に目が醒めて濃いコーヒーを淹れた、等々。」実際のところ、夢の物語が生の物語の中でかたちをとるとき、読者は後者に対して前者が二次的であると、それゆえその「筋」については、その人物が日中に送る生活から構成される物語世界にとってのメタ物語世界であると必然的にとらえることになる。そもそも、誰かが私たちに夢の一つを語るとき、原則として単純な後説法でのみなされるこの物語は（「以下が昨晩、夢で私に起きたことです」）、不可避的にその人の現実生活の筋立てに対する二次的な組み込みとしてあらわれる。それはあたかも、その人が昨晩読んだ本や見た映画を私たちに語るようなものだ。そして小説の登場人物が彼の虚構上の仲間を前にして同種の打ち明け話を行うとき、あるいは（現実でもフィクションでもよいが）自伝の語り手が、彼の日中（あるいは夜間）の生の物語を中断し、『オーレリア』のネルヴァルや『失われた時を求めて』の〈語り手〉のように、自分の夢の物語をそこに組み込むときも、当然のことながら状況は同じである。あたかも、そしてそれにはしかるべき理由があるのだが、夢の世界――ヘラクレイトスの言うイディオス・コスモス〔その人固有の私的世界〕――が、プルーストが言うところの「生者の世界」[101]――コイノス・コスモス〔共有された世界〕と言うこともできようか――の内部で、フィクション的な挿入句を構成するかのような事態が生じるのである。そしてフィクションというものは、現実に対するにせよ、それが寄生する別のフィクションに対するにせよ、常にメタ物語世界的である以上、一方の世界から他方の世界への推移は、一つの物語世界から別の物語世界への飛躍を引き起こすのである。

だがこの状況自体が必ずメタレプシス的になるわけではない。というのも、語り手はいつでも一方から他方の次元への推移を明示できるからだ（「眠り込むや否や私は／彼は……という夢をみた」）。それに対し、メタレプシスが生ずるのは一つの「世界」から別のものへの推移がなんらかの仕方で隠されたり覆されたりするときだ。たとえばテクスト的に隠されている場合がある。メリメの「ジュマーヌ」では、どれほど注意深く、または予備知識を持っている読者であっても、どの時点で（つまりテクスト上のどの点で）語り手が馬上で眠り込んだのかを識別することが、それゆえ「現実」の物語世界（トレムセンへの軍事的騎行）と超現実的な夢の物語世界（「地下の閨房」で絶世の美女に出会う）を区別することが不可能である。また遊戯的に覆される場合もある。この同じ短編小説の最後では、主人公に「泡立つコーヒー」を申し出る若い女性の魅力的な言葉が、同時に、夢みる者を現実へと引き戻す仲間の言葉でもあることが明らかになる――「彼女は言った。『ねえ！　ルミ、ルミ！……』――『中尉殿、一杯いかがですか？……』この言葉で私は目をかっと開いた。若い女は大きな口髭を生やしており、紛れもないワグネル伍長の姿がそこにあった。事実、ワグネルは私の前に立ってコーヒーを差し出していたのだが、私はといえば、馬の首に身体をあずけ、呆然と彼を眺めていたのだった。」夢から抜け出るこのやり方については、夢に入るときと比べると繊細さに欠けるとか、さらにはより粗雑だという判断が下されるかもしれない。だが他にいろいろある中でもとりわけ(102)、プルーストが書いたスワンの夢の終わりにも、これに相当するものをもういちど見出すことができる。スワンはこの夢の中で、一人の農夫が彼にこう言うのを聞くのだ。「『オデットが男友達とどこに行って夜を過ごしたのか、シャルリュスに訊きに来ればいい、あいつは昔オデットと付き合っていたし、彼女はあいつには何でも言うから。火を付けたのはあの二人だよ。』それは従僕が彼を起こしに来てこう言っていたのであった。『旦那さま、八時でございます。床屋が来ておりますが、一時間後にまた来るよう申しつけました。』[103] ここでのメタレプシス的な移行のすべては、この「それは……であった」に要約されている。これにより、夢にでてきた農夫が発した、夢であり、またその意味でフィクションである言葉と、これ以上ないほど日中の存在である現実の従僕が発した言葉の同一性が示唆されているのである。

*

すこぶるキッチュな――というのは、ここまで言及したものよりもさらにキッチュということだが――物語である、テレビの連続ドラマ《フィユトン》『ダラス』(しばしば誤って「シリーズ」と形容されるが、これはまぎれもなく一つのエピソードから次のエピソードへとつづく連続ドラマ《フィユトン》だ[訳注56])は、この手法のかなり稀な事例――とはいえこの手法自体は、当初「現実」として提示された筋がじつは「夢」であることが事後的に明かされるという、むしろ平凡なものなのだが――を提示している。この明かし方のオリジナリティは、単にそれが欺瞞的だという点にある。つまり連続ドラマ制作に伴って生じた不測の事態が原因となって、あるエピソード(実際のところは一シーズンすべてのエピソード)が、それがシナリオとして構想されたとき、スタジオで制作されたとき、そして視聴者が受容したときにはまったくそうではなかったにもかかわらず、夢として提示されたというわけである。このメイキング・オブは二流《マイナー》とされるこの芸術の愛好家なら誰もが知るものだろうし、さらに自分がこれを完全に正確に示せるかどうかも確かではないが、私の言うところを説明しよう。一九八五年の第七シーズンの最後で、善人のボビー・ユーイングというほとんど報いのない役にいささかうんざりした俳優のパトリック・ダフィーは、撮影スタジオから完全に去る決意をする。こうして、彼の演ずる登場人物を物語世界内で死なせるという決定がなされる。悲しいには違いないが、技術的にはまったく簡単なことだ。だが一年後、ラリー・ハグマン（「J・R」役）がダフィーを説得し、彼を復帰させて皆を満足させることになる。だがそこで生じるのが、視聴者の自発的な信じやすさにつけ込むことなく、いかにしてボビーを生き返らせられるのかという問題だ。数日あるいは数週間のブレインストーミングの後に、誰かがコロンブスの卵を提案する。つまり第八シリーズ全体を、パメラが夢みたことと して提示するのである。It was all a dream というわけだ。こうしてある日、彼女はこの長い昏睡状態から目覚め、彼女と視聴者は、ごく自然に（たいへん創意工夫に富んだ移行場面には言及しない）元気はつらつとしたボビーと再会し、あと数回――たしか五回だったはず――が再始動するのである。たしかにやや粗雑な手管ではあるが、夢というものは、メタ物語世界的、それゆえ潜在的にメタレプシス的となる手法としては聖書と同じくらい古く、さらに復活を信じたい人にとっては、純然たる復活――こちらは奇跡に属する――よりも本当らしい手法なのである。もっとも、視聴者が奇跡的な復活を決して受け入れられないわけでもないのだが、そのためには、周知のように「冷酷無情」を象徴する連続ドラマよりはいくらか適切な文脈（たとえばクリスマスの物語のような）が必要になる。キャプラの『素晴らしき哉、人生！（It's a Wonderful

Life)』（一九四六年）をここで見てみよう[104]。この作品では献身的な守護天使のおかげで、もはや夢ではなく、仮定（過去についての非現実）という方式を用いて、むしろ大胆な物語世界の操作が可能となっている。だが私が語るまでもなく、皆さんはこれをご存じだろう。

　映画の世界に比べると、テレビ「シリーズ」の世界は、さらに次のようなよく知られた特徴を示している。これをメタレプシス生成（métaleptogène）という言葉を使って形容することにはためらいを覚えるのだが、ただ私の願望も込めていえば、これは分かりやすい概念である。つまりこのようなことだ。エピソードが進むにつれ、視聴者は次第に俳優を彼らが演じている登場人物と同一視するようになり、登場人物にとってますます必要不可欠な存在となった俳優は、その後も俳優としてのキャリアがあれば、その登場人物から解放されるのに多いに苦労するのである。ラリー・ハグマンは、癌を克服したものの、『ダラス』が終わった後に――職業的な意味で――生き延びることはほぼなかった（とはいえオリヴァー・ストーン『ニクソン（Nixon）』に出演しているが）。またピーター・フォーク（コロンボ）や、もう少し私たちに近いところではロジェ・アナン（ナヴァロ〔一九八九年から二〇〇七年にかけて放映されたフランスのテレビシリーズ『ナヴァロ』の主人公〕）といった人も、こうした役の混同による影響を多少なりとも受けている――とはいえこれら二つの地味な刑事ドラマシリーズには、「悪魔のように危険な」ユーイング一家の波乱が引き起こした大衆ヒステリー級のもの――この家族を演じた役者たちは、これ以降、良くも悪くも自分と役が同一視されてしまうことから生ずる影響に直面することなく人前に姿をみせられなくなった――を引きつける要素はまったくなかったのではあるが。群集はダフィーと同時に善良なボビーに、そしてハグマンと同時に恐るべきJ・Rに殺到するのだが、彼らはその時誰に向かって興奮しているのか、どういう資格で、またどういう目的でそうしているのか、あまり分かっていないのである。「サウスフォーク」（『ダラス』の舞台となった牧場）は次第に現実のものとなった。そしてハリウッドは、すでに一世紀前から神話的存在であった。

ところで私には、マックス・ランデル、チャーリー・チャップリン、マルクス兄弟、バスター・キートン、ハロルド・ロイド、ハリー・ラングドン、そしてローレル＆ハーディといったサイレント映画の喜劇俳優たちの例がこれと同じ種類のものだとは思えない。これらの場合では、演者の登場人物への同一化が、漸次的な混同を通じて生じたわけではない。ここに見られるのはサーカスやミュージックホール、さらに過去に遡って、また逆方向にではあるが[105]、コメディア・デラルテの出し物から多少なりとも受け継がれたやり方に基づいて（多様なかたちで）構成されたアイデンティティなのである。ハグマンはJ・Rを演じ、その後で視聴者からすれば彼になる。だがチャップリンは「シャルロ（フランスでのチャップリンの愛称）」としての自分を、またジュリアス・マルクスは「グルーチョ」としての自分を意図的に演じていた。『モダン・タイムズ』以降、チャップリンは、（服装その他の）彼を識別させる特徴を単に捨て去ることによって、またヒンケル（『独裁者（The Great Dictator）』）、ヴェルドゥー（『殺人狂時代（Monsieur Verdoux）』）、カルベロ（『ライムライト（Limelight）』）といった多少なりとも自律的な登場人物を演ずることによって、「彼自身」の役から逃れることになるだろう。こうして彼は——言うまでもなくより繊細な違いを単純化し、あえて言うならば——他と同じような一人の役者になったのである。

*

今しばらく映画に留まり、この芸術で頻繁に利用される次のようなメタレプシスの事例に言及しよう。物語世界（内）のある登場人物が、何らかの事実についての自分の見方を示す際に、このメタ物語世界的な説明がスクリーンに映し出される。そしてこの再現がどれほど真実であるかがアプリオリに示されることは一切ないのだが、観客は誰もが知るイメージの暗示力のために、この再現を思わず真実として受け取ってしまうというものである。とはいえ誰の目にも明らかで、かつ意図的にアイロニカルな矛盾が、口頭の物語とそれを図示するとされる場面の間に現れることもある。『象というやつはえらい不貞をはたらく（Un éléphant, ça trompe énormément）』[訳注57]（イヴ・ロベール、一九七六年）では、登場人物＝語り手であるエティエンヌ（ジャン・ロシュフォール）が、私たちに向けられ、かつ画面外《オフ》の声でなされる物語によって、都合の良い役柄を頻繁に自分に与えるのだが、そうした役柄はそれに対応する（映画に撮られた）「経験上」の場面によってことごとく否定される。つまり観客はここで、イメージから推定される真実性を無条件に信用するよう導かれているのである。私はこれとは逆のかたちで割り振られた例（つまり言葉の注釈によって映像が否定される例）を一つも知らないが、そうしたものは、存在したとしてもおそらく相当説得力に欠けるものとなるだろう。私が見るものは（虚構的に）

真でしかありえないのだ。(106) この点については、『舞台恐怖症（Stage Fright）』（アルフレッド・ヒッチコック、一九五〇年）の事後的に嘘だと明らかにされるフラッシュバックに対し、批評家たちが拒否反応を示したことが思い出されるだろう。古典的な例である『羅生門』（黒澤明、一九五〇年）では、複数の競合する（主観的な）説明が、いっそうの真実らしさ（あるいは動機づけ）を伴って、ある三面記事的事件をめぐる裁きの場でなされる一連の矛盾した証言から生じてくる。そして、この矛盾が最終的に取り除かれることはない。というのも、この映画の意図は、まさしく人間の視点の相対性を例証することにあるのだから（演劇におけるこの種の効果の実践ははるかに少ないが、不可能だというわけではまったくない。ヤスミナ・レザの『人生の三つの説明』を見よ）。『運命の逆転（Reversal of Fortune）』（バーベット・シュローダー、一九九〇年）における複数の説明は、女主人公の死の状況をめぐって弁護士事務所で検討される一連の仮説——それぞれが言うまでもなく特にそのために《アド・ホック》撮影されたシークエンスによって映像的に説明される——から生じている。ただしここでも『羅生門』より真実が明らかになるわけではない。だがそれは原理的相対主義が掲げられているためではなく、単に有罪の証拠がないという理由から、容疑者である夫には無罪評決が出されたためである。それゆえ私たちは、自分たちが「目撃」した矛盾する場面のいずれが正確なのかを知ることもなければ、さらにはそれらのうちの一つが正確なものであるのかすら知ることはないだろう。

　しかし、こうしたイメージによる二次的物語のメタレプシス的処理が、また別のイメージ化によって競合関係に置かれたり、それゆえその正当性に異を唱えられるわけでは必ずしもない。

『オデュッセイア』の映画版があるとするなら、（『オデュッセイア』の本の読者に比べても）その真実性についての疑念を観客にまったく抱かせることなく、オデュッセウスによって語られる物語をこのようなかたちで十分処理しうるだろう。オーソン・ウェルズ（『市民ケーン（Citizen Kane）』、一九四一年）がチャールズ・フォスター・ケーンの人生とキャリアを再構成するのに用いた数々のフラッシュバックは、すべてケーンの死後にジャーナリスト＝調査者であるジェリー・トンプソンの求めに応じてなされたさまざまの回顧的証言に由来するものであるが、これらの証言はきわめて部分的かつマージナルな矛盾しか示していない。ジョーゼフ・L・マンキーウィッツ（『裸足の伯爵夫人（The Barefoot Contessa）』、一九五四年）が、物故したスター「マリア・ダマート」（マリア・バルガス）の人生とキャリアを、その埋葬の際に示したやり方についても同じことが言える。それは彼女のシナリオライターであり腹心でもあるハリー・ドーズになされた物語、あるいはこの人物が蘇らせる思い出を介してたどられるのだが、ここでもまたすべてを引き受けるのは、さまざまな証言者たちが口頭で物語るという行為そのものが省略されたイメージ化である。映画的な後説法のほとんどについても同様で、それが（強い意味で）提示されるときには、ほぼ常になんらかの二次的物語によって動機づけられている。たとえば『リトル・ブッダ（Little Buddha）』（ベルナルド・ベルトルッチ、一九九三年）の枠となる物語のあちこちに散りばめられた、シッダールタの人生のエピソード。これはまず母親に、その後で指導者＝先導者の説明を受けながら挿絵本を読む年若い主人公によって喚起されるものだが、ここではこの指導者のいささか冗長な画面外《オフ》の物語的な声が、イメージ化された彼の（心的？）ビジョンに付随している。あるいは、そしておそらくより頻繁にみられるのが想起活動によるものだ。『陽は昇る（Le Jour se lève）』（マルセル・カルネ、一九三九年）では、警察に包囲された自宅で拳銃自殺を遂げる前に、自分の過去を「再び見る」主人公＝殺人者がこれを行うのだが、ここで監督がスクリーン上に対象化することにした記憶喚起は、いわゆる主観的源泉を考慮して作られているわけでもない。あらゆる後説法を——そして頻度は少ないもののあらゆる先説法も、さらにはあらゆる幻覚さえも（ノーマン・マクロードによる一九四七年の『虹を掴む男（The Secret Life of Walter Mitty）』におけるダニー・ケイを見よ）——必然的にメタレプシスを介して扱うよう促すのは、映画的表象の性質そのものであるとも言える。ある出来事を「見せる」ことができるなら、それを語るだけにとどめておく理由もないというわけである。

＊

もっとも、劇中でこの種のことを行ってもまったくかまわないのであり、そもそも先に言及した『舞台は夢』の「劇中劇」を、こうした言葉をつかって分析することも十分に可能である。つまり魔術師アルカンドルは、クランドールの冒険をプリダマンに物語るだけにとどめることもできたのだが、しかし彼は、というよりはむしろコルネイユは、彼にそれを見せるという選択をするのである。それが可能であり、さらにそのほうがずっと面白いからというのが決定的な理由だ。これが悲劇となると、真面目さと適切さ《ビヤンセアンス》のために、このような手段への訴えかけは、言うまでもなくいっそう避けられる。事実『フェードル』でテラメーヌに物語を語らせる代わりに、蛇行する海の怪物やら暴走する馬やら岩で粉々に打ち砕かれる戦車やらを交えてイポリットの死を上演するラシーヌなど考えにくい。大胆な演出家なら、自分の名において、あるいは結局のところきわめてアリストテレス的（そして反プラトン的）であるディエゲーシスに対するミメーシスの優位という名の下で、これに挑戦することもできるであろう（これまでにもっとひどい試みもあった）。私はこの由緒ある対概念をみだりに引き合いに出しているわけではまったくない。というのも、こうしたかたちをとるメタレプシスの原則とは、まさしくディエゲーシス（のかたちをとって当初提示されたもの）をミメーシスに置き換えることであるからだ。メタレプシスをいくらか活写法に引きつけて定義したように思われたデュマルセの文章を先に引用した際、私はこうした関連付けについて、「部分的に道を誤らせる」と述べた（「やはりこの文彩に関連付けられるのは、詩人たちが描写に代えて描写が想定する事柄を我々の眼の前に提示する際に、（……）語るやり方である」）。しかし今や、すべての場合、少なくともすべての芸術において、このデュマルセの言葉が必ずしも道を誤らせるものではないことが明らかになる。なぜなら登場人物の一人や語り手に描写をさせたり語らせたりするにとどめてもよい事象を、（文学とは異なり）演劇や映画が「我々の眼の前に提示」しうるやり方に、これは見事に当てはまるからだ。

もういちど繰り返しておくと、物語的ないしは描写的なテクストが、本当の意味でこの手段を享受することはない。古典時代の修辞家たちが活写法に与えた定義――それ自体がいささか空虚で誇張されたものだが――がどのような主張をしたところで、テクストは言葉によって表象するしかないのだから、そうして表象されたものを現実に「我々の眼の前に提示」することなどはまったくもって不可能なのである。ただし、それが「表象する」ものが、口頭のものでも書かれたものでも、あるいは内心《イン・ペット》で生み出されたものでも、それじたいすでに言説である場合はその限りではない。描写が純然たる再現＝複製（re-production）に置き換えられるこうした状況は、たとえばプラトンが不器用に（とはいえ彼からすればたいへん論理的に）批判した『イリアス』のあの有名な部分によって例示されている。プラトンはここで、登場人物（クリューセース）の言説を言葉どおりに報告するべく、語り手（ホメロス）がその人物になったふりをしたがゆえに、この語り手は本来彼の高貴な務めであったハプレー・ディエゲーシス（*haplê diègèsis*）（すなわち「純粋な物語」。これは語り手が登場人物の言葉を間接話法というしかるべきかたちで物語化することによってなされる）をミメーシスの産出者という恥ずべき役割——これはもちろん劇作家の役割だ——のために放棄したと批判していたのであった[107]。プラトンの反ミメーシス的な論争を馬鹿馬鹿しいと評価しても良いのだが、とはいえ彼が私たちにとって重要なある事実を指摘していることも忘れてはならない。それは、語り手が登場人物の一人に言葉を委ねるとき——「内的独白」として思考の表現を委ねるときはなおさら——、この語り手はフィクションに典型的な（そしてケーテ・ハンブルガー[108]の分析以来周知となった）やり方で、原理的には越えられない表象の敷居を飛び越えているという事実である。

＊

ほとんど一つのジャンルとも言える『即興劇』のいくつかを先に取り上げた際、私は非常にユニークな『アルマの即興劇』には触れずにおいた。これは一九五六年に、そのタイトルが示唆しているように、ステュディオ・デ・シャンゼリゼで初演されたものである。(訳注58) 実際のところ、厳密に言うなら、ここではモリエール、ピランデッロ、あるいはジロドゥー〔他に私が忘れている人も何人かいるだろう〕の場合とは異なり、舞台上で繰り広げられる二次的な紋中紋状の偽=即興や偽=リハーサルのかたちをとる「劇中劇」が存在するわけではない。作者〔「イヨネスコ」〕は単に三人の「演劇論」博士の攻撃の的になるだけだ。当時の論争を思い出す人にとっては明白なやり方で「バルトロメウスⅠ、Ⅱ、Ⅲ」と名づけられたその博士たちは〔ロラン・バルトが念頭に置かれている〕、彼のところにやって来ては執筆作業〔上演の作業ではなく〕を中断させ、『ヴェルサイユ即興劇』に出てくる仕事中の俳優よりもむしろ『恋は医者』のいかさま治療師や『お嫁さん学校批判』〔ともにモリエールの作品〕の衒学者を思わせる滑稽なやり方で、いくらかブレヒト的な教訓やら叱責やらを鼓膜が破れんばかりの大声で彼に語った挙げ句、民衆的良識を体現する役を担う、箒を手にした一種のドリーヌ〔『タルチュフ』に登場する小間使いの名前〕〔「マリー」〕によって追い払われるのである。要するに、これ以上ないほど古典的なのだ。この作品のメタレプシス効果は別のところにある。冒頭、びくっと目を覚ましたイヨネスコは、自分が目下執筆中ということになっている作品（『羊飼いのカメレオン』）の初めの場面を読むよう、バルトロメウスⅠに命じられる。彼はその命令を実行し、観客がいま観たばかりの『アルマの即興劇』の初めの場面を文字どおり再現したページを読む（これにはト書きも含まれているが、観客が知覚できるのはその実演のみである）。するとバルトロメウスⅡ、次いでⅢも突然やって来て、こんどは彼らがそれぞれこの場面をもう一度読めと強要する。冒頭場面の新たな繰り返し。そこからは錯乱した演劇学者たちの大騒ぎだ。それゆえここに認められるのは、劇作品の上演を通常取り仕切るプロセス、すなわちまずは作者が声を出して読み[109]、次に役を演じる役者たちが（多少とも「演じる」かたちで）「読み合わせ」をして、それから舞台上で「リハーサル」を行い、最後に観客の前での初演がなされるというプロセスである。このプロセスがここでは逆転させられているわけだ。つまり初めに作者その人を演ずる俳優（初演時にはモーリス・ジャクモン）は、それに続いて（二度）その同一の作者、つまり自分が演じたばかりの（やはり自分自身の）役を読む作者を演じ、それからは彼を責め立てる人物が舞台に入ってくるたびにその役を再び断片的に演ずることになるのである。ここから目眩が生じる、あるいはバルトロメウスⅠの言葉を使うなら「これは悪循環だ（cercle vicieux）」ということになる――別の作品で言われていたことだが、なでられすぎたゆえに悪く（vicieux）なってしまった円環（cercle）である。[訳注59]

*

この感興をそそる文彩がとる形態のいくつか――ありがちなものもあれば、ありそうもないものもあった――を通り抜けてきた私たちの散歩は、当然のことながらすべてを網羅するものではない。すべてを網羅するなど、どう考えても有益というより無駄だ。だが締めくくる（片を付ける）にあたって、『トリストラム・シャンディ』よりも、さらには『青白い炎』よりも新しく、少なくとも目下のところ、そして文学的現象としては、この長い花火の最後を飾るとっておきとみなせるテクストを称えたい。それはクリスティーヌ・モンタルベッティの小説『人間の起源』である。[110] これが独自のやり方で語っているのは、アベヴィル近郊で最初の重要な古生物学的発見（たしか一八四四年）を果たす直前の数日間にわたる、かの有名な税関吏ジャック・ブシェ・ド・ペルトの生である〔一七八八～一八六八年。税関職員として働きながら地質学や考古学を研究し、フランス先史学の礎を築いた〕。この空想的伝記が関心を引くのは、たしかにどちらかといえばつまらない――幾種もの先行人類的生物が遠慮がちに姿を現しているにしても――出来事そのものではなく、小説家＝語り手が物語言説《レシ》を導くやり方によってである（彼女は二度、実際のファーストネームで呼びかけられる。『失われた時を求めて』における問題含みの「マルセル」と同様だが、ここで呼びかけを行うのは主人公その人である――というのも『パルムの僧院』のように「我らが主人公」が存在するのだから[訳注60]）。この小説家＝語り手は、現在形で、そして通常は外部から（物語るよりは）描写する「行為＝筋」の傍観者として振る舞いたがるのだが、同時に事の顛末をめぐって自問自答し、また自分の好奇心あるいは困惑を一人の読者と分かち合おうとする――そしてその読者に対し、時折はトリストラムのように、わずかにでも状況の推移に干渉するよう促すことも欠かさないのである。私はいま小説家＝語り手と述べた。それは、そのステイタスが、同時にではなくとも交互に語り手と作者になる、すなわちその場にいて多少とも能動的な干渉をなしうる語り手＝証言者と、自分の目的や方法に意識的で、自己批判や様々な傍白や物語世界とは無関係の脱線（「インサートで私の幼少期の記憶……」）が可能で、また自分の読者公衆の注意のレベルを測り、その意見を求め、複数の物語世界間での選択を提供し（「不都合な記述は消去してください」）、一冊の書物として自らを認知し、かつそのように自己を指示するもののページをいかに繰るか――あるいはどう飛ばすかかもしれないが――を監督ないしは予告する作者になるからである。これは、慣例的な言い回しとは反対に、だが〈フォルマリスト〉の要求には従いながら、不信（incrédulité）ではなく信じやすさ（crédulité）の宙づり〔コウルリッジが述べたフィクションの定義「不信の自発的な宙づり」を念頭に置いた表現〕へと私たちを促す書物である――ただし、物語論《ナラトロジー》、「演劇論《テアトロロジー》」あるいは映画論《フィルモロジー》による幻想解除の治療が三十数年にわたってなされた後で、そのような信じやすさが私たちにまだ残っているとしての話だが。

*

先に私は、マルク・セリズエロが「現実的な現前性」と形容した、映画に特有の干渉の型に言及した。『サンセット大通り』のバスター・キートンのように、俳優あるいは多少とも興行の世界と関係をもつ人物（そうでない人物などそもそもいるのか？）が、その人として、またその人自身の役でフィクション映画に介入することについて述べたときである。だがよく考えてみると「映画に特有」というのは、あまりに限定的であるかもしれない。というのも〔ウォルター・スコットの〕『クエンティン・ダーワード』に彼自身として《アズ・ヒムセルフ》登場するルイ十一世、〔アレクサンドル・デュマの〕『三銃士』に登場するリシュリュー、あるいは〔トルストイの〕『戦争と平和』に登場するナポレオンの例にみられるように、小説は、そのフィクション的な物語世界に、〔別の物語世界である〕歴史という外的物語世界から借りた重要人物たちをときおり導入することを、自らに禁じていないからである。(訳注61) 仮に「本物の」キートンが、フィクション映画の中ではメタレプシスを生むなら、ほとんどの登場人物が想像上のものである小説における「本物の」ナポレオン〔あるいはクトゥーゾフ〕も、負けず劣らずメタレプシスを生むはずだ。フィクションの世界で彼らに備わる「現実的」な現前性の侵犯的性質を私たちが感じ取れないようにしているのは、ただ、いわゆる歴史小説をめぐって私たちが長く育んできた慣習や、他のいかなる登場人物同様にこれらの登場人物も肉体を持たないという性質だけなのである〔ワイルダー監督の映画においてキートンを見るようにはトルストイの小説においてナポレオンを――アンドレイ公爵も同様だが――「見る」ことはない。私たちにできるのは、名前の発話によってその登場人物を「認識する」ことのみだ〕。だが、フィクション世界を構築するために現実からの借用を行うのが、このタイプの小説だけではないことも確かだ。ディケンズのロンドン、バルザックのパリ〔または〈地方〉〕、そしてそうした場所を飾るあらゆる物品《オブジェ》は、スコット、デュマあるいはトルストイの小説に出てくる著名な偉人たちと同様に、現実界から「借用」されたものである。アラゴンは『聖週間』の序文で「私の小説はすべて、衣装がなくとも歴史的である」と断言していたが、あらゆる小説家が同じように言うことができる（言うべき）だろう。実際のところ、フィクションは、物質的なものであれ精神的なものであれ、隅から隅まで現実に由来する諸要素に育まれ、またそれらによって満たされているのである。アルパゴンの吝嗇やラスティニャックの野心は、作者や読者が現実との——そしてその他の演劇や小説作品との——接触によって自ら打ち立てた吝嗇や野心の観念から出発するのでなければ、それとして同定されない。現実的物語世界から虚構的物語世界への、そしてあるフィクションから別のフィクションへのこうした絶えざる移入と融合は、まさしくフィクション一般の、そして特にフィクションというものの真髄である。フィクションはすべて、メタレプシスで織り上げられているのである。このことは、現実のすべてについてもあてはまる。現実は、フィクションの中に自らを認め、また自らに固有の世界にフィクションを認めるのだから——「この男はまぎれもないドンファンだ」というように。

＊

物語的、描写的、演劇的、映画的、あるいは私が忘れているその他もあるだろうが、これらすべての迷路が提示している教訓は、そうした迷路のもっとも巧みな設計者の一人によって、すでに数十年前に、遠回しにではあるが引き出されていた。ここではそれをもう一度唱えるしかなかろう。

地図が地図の中に含まれていたり、千夜一夜物語が『千夜一夜物語』の本に含まれていたりすることが、なぜ私たちを不安にするのだろうか。ドン・キホーテが『ドン・キホーテ』の読者であったり、ハムレットが『ハムレット』の観客であったりすることが、なぜ私たちを不安にするのだろうか。私はその原因を見出したように思う——このような反転が示唆しているのは、もしフィクションの登場人物が読者や観客になりうるのだとしたら、彼らの読者や観客である私たちも、フィクションの登場人物になりうるということなのだ。一八三三年にカーライルはこう記した。世界史とはあらゆる人びとが書き、読み、そして理解しようとする無限の聖なる書物であり、そこには、彼ら自身もまた書かれていると[11]。

ゆえに一冊の書物——聖なるものかどうかは私には分からないし、無限というのはいささか疑わしい——、誰か（だがいったい誰なのか？）が絶えず私たちをそこに書き、同様に時々は、そして最終的には常に私たちを消去する一冊の書物がある。ここでは一つの文彩にすぎないものに、それが思ってもみなかった余計なものまで軽率に担わせてしまっているのかもしれない。だが文彩が何に思いを馳せているのかを、私たちは本当に知っているのだろうか。

注

（1）*Figures III*, Éd. du Seuil, 1972, p. 243 *sq.*〔『物語のディスクール—方法論の試み』、花輪光、和泉涼一訳、水声社、一九八五年。〕, *Nouveau Discours du récit*, Éd. du Seuil, 1983, p. 58-59.〔『物語の詩学—続・物語のディスクール』、花輪光、和泉涼一訳、水声社、一九八五年。〕当時言及した例のいくつかは必然的に再びとりあげることになるだろう。当時から今日までのあいだに「メタレプシス、現在」という国際シンポジウムがパリで開催された（二〇〇二年十一月二十九日と三十日）。近日中に出版されるその論集から、私は新たな示唆や教唆を得ている〔この論集は二〇〇五年に出版されている。John Pier, Jean-Marie Schaeffer（éd.）, *Métalepses*, EHESS, 2005.〕。本書はこのシンポジウムで私自身が行った発表を拡大したものである。

（2）アリストテレスに始まる伝統だが、その当人の立場は曖昧である。というのも彼はまず、これを類推だけでなく、種から類への、また逆に（後に換喩と呼ばれることになる）類から種へのあらゆる意味の転用として非常に広い仕方で定義し（『詩学』1457b）、その後で「類似を見て取る」才能とこれを関連付けることによって（1459a）、専ら類推のみによる定義をするからだ。

（3）*Des Tropes*（1730）, Flammarion, 1988, p. 110.

（4）*Commentaire des Tropes*（1818）, Slatkine Reprints, 1967, p. 107.

（5）*Les Figures du discours*（1821-1827）, Flammarion, 1968, p. 127-128.

（6）*Commentaire des Tropes*, *op.cit.*, p. 116, *Les Figures du discours*, *op.cit.*, p. 128.

（7）*Des Tropes*, *op.cit.*, p. 133.

（8）*Ibid.*, p. 114. デュマルセは的確にもこう加えている。「このような話し方は、この次に語る活写法にも関連づけられる。」

（9）*Les Figures du discours*, *op.cit.*, p. 128.

（10）*Figures III*, *op.cit.*, p. 250-251.

（11）*À la recherche du temps perdu*, Gallimard, coll. « Bibliothèque. de la Pléiade », 1987, t. I, p. 184.〔『失われた時を求めて1――スワン家の方へI』、吉川一義訳、岩波文庫、二〇一〇年。〕

（12）Umberto Eco, *Baudolino*（2000）, trad. fr. Grasset, 2002.〔『バウドリーノ』、堤康徳訳、岩波文庫、二〇一七年。〕

（13）*Fiction et Diction*, Éd. du Seuil, 1991, p. 89.〔『フィクションとディクション』、和泉涼一、尾河直哉訳、水声社、二〇〇四年。〕

（14）意味的な置き換えは、フォンタニエが前面に出した文彩的性質の基準であることを想起しておこう。彼は伝統を重んじて、私がいま挙げた単純な定型表現を文彩の一覧に加えることにより、その基準をいささか忘れてしまっている。

（15）Chap. 11〔ラブレー『ガルガンチュアとパンタグリュエル1』、宮下志朗訳、ちくま文庫、二〇〇五年。〕

（16）*À la recherche du temps perdu*, *op.cit.*, t. I, p. 186.

（17）*Histoire de France*, extraits présentés par Claude Mettra, J'ai lu, 1963, p. 284.（この箇所とこれ以降の引用における強調はジュネットによる。）

（18）Laffont, coll. « Bouquins », 1979, t. II, p. 822.〔抄訳『フランス革命史』、桑原武夫、多田道太郎、樋口謹一訳、中公文庫、二〇〇六年。〕

（19）数多くの中の例を一つ挙げる。「私はこの恐るべき世紀［十六世紀］の大きな流れを忠実に追ってきた。私はすでに、この数巻の中であまりに行動し、あまりに戦ってきた。過酷な戦いはすべてを忘れさせた。私はこの殺戮の中へとあまりに進みすぎたのである。私はそこに居を定め、もはや血のみで生きたのである」（*Renaissance et Réforme*, Laffont, coll. « Bouquins », 1982, p. 637.）この特徴がプルーストの目を逃れることはなかった。「ルイ十四世の治世の絶頂期には［……］、奇妙な頭痛のせいで、私は毎日自分の歴史〔物語〕

を中断せざるをえないのではないかと考えていた。私が自分の力を真に取り戻したのは、ようやく球戯場の誓いにいたった時である。」(*Pastiches et mélanges*, Gallimard, coll. « Bibliothèque de la Pléiade », 1971, p. 28.〔『プルースト全集14』、岩崎力他訳、筑摩書房、一九八六年。〕)

(20) Alexandre Dumas, *Mes Mémoires*, Laffont, coll. « Bouquins », 1989, t. II, p. 115. 脱線が終わるところで(p.147)後戻りするやり方はこれ以上ないほど明らかであり、またこの時には文彩が用いられない。「戻ってくると言ったところはどこだったか、どうやってそこまで来たのか見てみよう。たしか前のどこかの章をこう言って終えたように覚えている。『この物語はティエール氏の意向を変えた。彼は記事を書く代わりに立ち上がり、ラフィットの家へと駆けだした。』ティエール氏はオルレアニストだった……」

(21) *La Comédie humaine*, Gallimard, « Bibliothèque de la Pléiade », 1977, t. V, p. 559.〔『幻滅』、野崎歓、青木真紀子訳、藤原書店、二〇〇〇年。〕

(22) Éd. T.L.F., Droz, 1977, p. 5.〔『運命論者ジャックとその主人』、田口卓臣、王寺賢太訳、白水社、二〇〇六年。〕

(23) *Œuvres*, Gallimard, coll. « Bibliothèque de la Pléiade », 1957, t. I, p. 1467.〔『ヴァレリー全集6—詩について』、佐藤正彰他訳、筑摩書房、一九六七年。〕

(24)『滑稽旅役者物語』第一章の末尾。〔この著作のタイトルについては訳注12を参照。〕

(25) *Op.cit.*, p. 8.

(26) 連合(association)じたいフォンタニエの論考ではメタレプシスの直後にくる文彩であるが、これは特に「自分自身のためだけに言うことを他人とも共にする」ことに存する。この定義は次のように翻訳できるだろう。「自分自身のためにだけ言っているふりをしていることを、他人とも共にするふりをする。」〔「連合」については訳注48も参照のこと。〕

(27) In *Final del Juego*.〔『遊戯の終り』、木村榮一訳、国書刊行会、一九七七年所収。〕

(28) *Destins tordus*, trad. fr., Laffont, 1981.〔『ぼくの副作用』、堤雅久、芹沢のえ訳、CBSソニー出版、一九八一年所収。〕

（29）物語世界外的、物語世界内的、メタ物語世界的（等々？）の間での二つの方向におけるさまざまな「メタレプシス的動き」については、以下で提唱された図式を参照。Frank Wagner, « Glissements et déphasages. Note sur la métalepse narrative », *Poétique*, 139, avril 2002, p. 244.

（30）*Œuvres romanesques complètes*, Gallimard, coll. « Bibliothèque de la Pléiade », 1974, t. III, p. 611-642.

（31）*Œuvres romanesques complètes*, *op.cit.*, t. III, p. 13-14.

（32）*Ibid.*, p. 787-789.

（33）*Ibid.*, p. 717.

（34）*Ibid.*, 1977, t. IV, p. 1169.

（35）*Ibid.*, t. III, p. 795-820.

（36）Trad. fr. par Guy Durand（Éd. du Seuil, 1972）de *The French Lieutenant's Woman*, 1969.〔『フランス軍中尉の女』、沢村灌訳、サンリオ、一九八二年。〕

（37）まさにこの章で、「ヌーヴォーロマン」が意図的に言及されている。

（38）Gallimard, 1960.

（39）「私の小説はすべて、衣装がなくとも歴史的である。だが『聖週間』は、見た目とは異なって、歴史小説的なところが少ない」と、一九五九年、つまりこの本が出版された翌年の『トゥー・シティーズ』誌に発表された自著解説では述べられている。ただ百日天下のはじめに舞台を設定したこの本は、衣装ものでもある。しかもゲートルのボタン一つ欠けていないほどの衣装だ。

（40）ここで物語論の古傷を再び引っ掻くつもりはないが、この準＝小説への作者の介入は稀であり、またその意図についてもすべて疑わしいものである。この数少ない事例については、作者の死によって清書が遮られなければ、おそらくは除去されたはずの不注意だと十分推測できるだろう。

（41）*La Semaine sainte*, Le Livre de Poche, 1959, t. II, p. 344.〔『聖週間』、小島輝正訳、平凡社、一九六三年。〕

（42）*Le Capitaine Fracasse*（1861）, Garnier, 1961, p. 103.〔『キャピテン・フラカス』、田辺貞之助訳、岩波文庫、一

九五二年。〕

(43) これより以前のところで、一座の「詩人」がちょうど去ったこと、そうしてシゴニャックが、役者という職を兼ねる以前に、そこに詩人として雇われたことが言われている。有名な作者の典型的な演目に加えて、劇団はしばしば「詩人」を雇っていた。この詩人は（モリエールのように）二つの役割を兼ねることもそうでないこともあったが、新作を作ったり、旧作を手直ししたりしたのである。

(44) *Le Capitaine Fracasse, op.cit.*, p. 110-122.

(45) *Logique des genres littéraires* (1957), trad. fr., Éd. du Seuil, 1986.〔『文学の論理』、植和田光晴訳、一九八六年。〕

(46) 幕間も含まれ、平土間に隣り合わせた人との会話も記述されている。この隣の人というのは、あの善良なるシャルル・ノディエその人に他ならない。この作品を激しくやじるために来ていた彼は、しかしながら私が正しく理解しているとするなら、素性を隠してこの作品を書いた数名の作者の一人なのである。この物語はすでに引用した版〔Alexandre Dumas, *Mes Mémoires*, Laffont, coll. « Bouquins », 1989〕の第一巻、五四〇から五七四ページをしめている。

(47) Harald Weinrich, *Le Temps* (1964), trad. fr. par Michèle Lacoste, Éd. du Seuil, 1973.〔『時制論』、脇阪豊訳、紀伊國屋出版、一九八二年。〕

(48) *Racine et Shakespeare* (1823), chap. 1.〔『スタンダール全集6』、桑原武夫他訳、人文書院、一九六九年。〕

(49) *Molière homme de théâtre*, Mercure de France, 1954, p. 89.

(50) Trad. fr. par Jean Baudrillard, L'Arche, 2000.〔『サド侯爵の演出のもとにシャラントン精神病院の演劇集団によって上演されたジャン＝ポール・マラーの迫害と暗殺』、内垣啓一、岩淵達治訳、白水社、一九六七年。〕

(51) « Analyse existentielle de l'œuvre d'art », in *La Correspondance des arts*, Flammarion, 1947, p. 46-50.〔「存在論的二重化」という用語がスリオの著作で表象芸術に関連して用いられるのはもう少し後の六十五頁。〕

(52) そしてもちろん、ビリー・ワイルダーによるそのリメイク『ザ・フロント・ページ』（一九七四年、ウォルター・マッソー出演）もある。この作品中で例のギャグが見られたかどうかは覚えていない。

（53）クリスチャン・メッツを指導教員とする博士論文『映画における自己反省性をめぐる言説の考古学』（一九八六年）。この博士論文を含め、後述するように、この問題についてのその他の知識については以下に多くを負っている。Marc Cerisuelo, *Hollywood à l'écran*, Presses de la Sorbonne nouvelle, 2000, p. 74.

（54）Christian Metz, *L'Énonciation impersonnelle ou le Site du film*, Méridiens-Klincksieck, 1991, p. 102. 本書はバスター・キートンの『キートンの探偵学入門（Sherlock Junior）』に同様の効果が用いられていることを指摘しているが、私は未見である。

（55）この例もまたマルク・セリズエロからの個人的教示による。

（56）以下を参照。Marc Cerisuelo, *op.cit.*, p. 169. ここで「その間」と言うことで、メタレプシスの時間的次元が設定される。グルーチョは、観客がこのシークエンスを見るずっと以前にこの映画の撮影から離れているからだ。

（57）「私の」用語体系であれば、一次的映画の中で（つまり私がいる劇場に映し出されている映画の中で）問題となっている二次的映画が「メタ映画」ということになろう。しかしセリズエロがまったく正当にもこの用語を一次的映画にあてはめているので（ある言語を対象として持つ言語を「メタ言語」と呼ぶ論理的な対に従って）、私としてはこれ以降、読者を迷わせるような用法を避けるように努めよう。彼の本で直接研究されているコーパスは、キング・ヴィダーの『活動役者（Show People）』（一九二八年）からジャン＝リュック・ゴダールの『軽蔑（Le Mépris）』（一九六三年）にいたるもので、その間にウィリアム・ウェルマン、ジョージ・キューカー、ビリー・ワイルダー、ヴィンセント・ミネリ、スタンリー・ドーネン、ジョーゼフ・L・マンキーウィッツ、ロバート・アルドリッチ、フランク・タシュリン、ジェリー・ルイス、ブレイク・エドワーズがいる。もちろんこのコーパスは、より古い方向にでもより新しい方向にでも――トリュフォーの『アメリカの夜』は一九七三年である――広げていくことができるだろう。

（58）本来の意味において紋中紋的である。というのも、劇の上で繰り広げられたゲシュタポたちの口論が、その少しあとで「現実の」ゲシュタポたちによってそのとおりに繰り返されるからだ。タイトルが示しているように、映画全体は演劇（もちろん『ハムレット』のこと）と歴史的「現実」の間の曖昧な関係を利用している。

（59）以下を参照。*Palimpsestes*, Éd. du Seuil, 1982, chap. 26.〔『パランプセスト』、和泉涼一訳、水声社、一九九五年。〕

（60）*Op.cit.*, p. 110. 以下の例はほとんどこの著作に負っている。

（61）たとえば、あるいはむしろ例外的なものとして以下を参照（この分野の批評や理論の文献を「仔細に検討」していないことを告白する）。Marcel Martin, *Le Langage cinématographique*, Éd. du Cerf, 1955, p. 79.

（62）発端や先行ではなく、残存による音響的ディゾルブもおそらく存在する（別の文脈で残存イメージ（image rémanente）と言うように）。だが、発端的ディゾルブ——もっとも、概して極めて短い時間だが——のほうが、筋の展開の「進行」により貢献するという明らかな理由のために、こちらの数は少ないように思われる。これにきわめて近いが、テレビ的ルポルタージュの文法に特有の文彩として、まるで紹介するかのようになんらかの活動を無言で行っている人物を数秒間提示し、その次のショットでその人物に話をさせるというものがある。だが紹介された人物が明らかに（まだ）話をしていない状態の発端的ショットの最後で、予告された言葉が、画面外〔オフ〕の声として流され始めることもありうる。この場合は映画の音響的ディゾルブにきわめて近い。

（63）*L'Énonciation impersonnelle*, *op.cit.*, p. 95.

（64）Christian Metz, *Essais sur la signification au cinéma*, Klincksieck, 1968, p. 226.〔『映画における意味作用に関する試論』、浅沼圭司監訳、水声社、二〇〇五年。〕

（65）*Les Mots et les choses*, Gallimard, 1966, p. 24.〔『言葉と物』、渡辺一民、佐々木明訳、新潮社、一九七四年。〕

（66）Salon de 1765, in *Œuvres esthétiques*, éd. Paul Vernière, Garnier, 1959, p. 533.

（67）*Laocoon*, trad. fr., Hermann, 1964, p. 106-121.〔『ラオコオン』、斎藤栄治訳、岩波文庫、一九七〇年。〕

（68）*Illiade*, XVIII, trad. Paul Mazon, Gallimard, coll. « Folio », 1975, p. 386-390.〔『イリアス』松平千秋訳、岩波文庫、一九九二年。〕

(69) フランク・ワグネルは、私の分析によって示唆されているほど、メタレプシス的違反がいつも確実に「意図的」になされるわけではないことを正しく指摘している。以下を参照。« Glissements et déphasages », art.cit., p. 237.

(70) Catulle, *Poésies*, texte établi et traduit par Georges Lafaye, Les Belles Lettres, 1949, p. 53-68.

(71) 1653 ; in *Œuvres complètes*, éd. Ch.-L. Livet, Paris, 1855, t. II, p. 190-191. 私は『フィギュールII』(p. 203-204)においてこの部分と、これに相当する機能を備える他のいくつかの部分を以前に喚起したことがある〔『フィギュールII』、花輪光監訳、書肆風の薔薇、一九八九年。〕

(72) *À la recherche du temps perdu, op.cit.*, 1988. t. II. p. 193.〔『失われた時を求めて4—花咲く乙女たちのかげにII』、吉川一義訳、岩波文庫、二〇一二年。〕

(73) Grasset et Fasquelle, 1932 ; in *Œuvres romanesques complètes*, Gallimard, coll. « Bibliothèque de la Pléiade », 1952, t. II, p. 183-185.

(74) *Dans le labyrinthe*, Éd. de Minuit, 1959 p. 29.〔『迷路のなかで』、平岡篤頼訳、講談社、一九九八年。〕この点についての参照として挙げられるのは、『フィギュール』(*Figures*, éd. du Seuil, 1966〔『フィギュールI』、花輪光監訳、書肆風の薔薇、一九八七年〕)の「固定された目眩」の章しかない。ここでの分析はいまだにほぼ正しく、また他のロブ゠グリエの物語あるいは映画作品のいくつかにも適用可能であるように思われる。

(75) この例を想起させてくれたのは、上記シンポジウムでのクラウス・マイヤー゠ミンネマンの報告である。

(76) Paul Veyne, *Comment on écrit l'histoire*, Éd. du Seuil, 1971〔『歴史をどう書くか—歴史認識についての試論』、大津真作訳、法政大学出版局、一九八二年。〕; Paul Ricœur, *Temps et Récit*, Éd. du Seuil, 1983, t. I.〔『時間と物語I』、久米博訳、新曜社、一九八七年。〕

(77) *Histoire de la Révolution française, op.cit.*, 1979, t. I p.500-509. ミシュレはこうした舞台効果をかなり意識しており、いわば彼自身の仕事を先取りしていた〈歴史〉の当事者たちのうちにそれを見出している。たとえば指物師デュプレー一家におけるロベスピエールの生涯の教訓的な場面は、この脱神話的な文で始まる。「多くの人びとにとって演出は革命的生のうちにある。」（同書、t. II, p. 164）とはいえ言うまでもなく演出は、公的なものであろうが「私的」なものであろうが、同時代人の無遠慮な視線とともに始まり、脚光を浴びるあらゆる生のうちにある。今日の「メディア化」はこの性質を増大させるばかりである。

（78）まったく読まなかったかもしれない。というのもこの本の出版は一八四八年十月から一八四九年十月にわたっているが（ただし「校了済刷りだし」はすでに出回っていた）、『革命史』の初版は一八四七年であるからだ。

（79）« L'effet de réel »（1968）, in *Œuvres complètes*, Éd. du Seuil, 1994, t. II, p. 479.〔『言語のざわめき』、花輪光訳、みすず書房、一九八七年所収。〕

（80）レオ・シュピッツァー（*Études de style*, trad. fr. Gallimard, 1970. ここで取り上げる研究は一九三一年のものである）はラシーヌについて、「緩和（atténuation）」や「弱音器効果（effet de sourdine）」を語っていた。これは少なくとも劇作家の一人がこうした種類の簡素さを発揮しうるということを示している。だがこの正当な文体論的観察のために、きわめて強烈な活写法が巧みに調合されて利用されていることを忘れてはならない。「思え、思いおこすのだ、セフィーズよ、あの残忍な夜のことを……」〔『アンドロマック』第三幕第八場。ヘクトールがピリュスによって残酷に殺害されたところをアンドロマックが想起している場面。〕

（81）*La Comédie humaine*, Gallimard, coll. « Bibliothèque de la Pléiade », 1979, t. X, p. 57-58. 次の段落（第四段落）で冒頭の主人公が私たちのもとに連れ戻されるが、関与の「あなた」は、第五段落において、不規則なかたちで回帰することになる。「そこは熱気で沸き返っているが、役者があまりに多いものだから、あなたが賭博の悪魔を正面から見据えることはできない……。」〔『あら皮—欲望の哲学』、小倉孝誠訳、藤原書店、二〇〇〇年。〕

（82）以下にその他の出現例が目録化され、分析されている。Monika Fludernik, « Second Person Fiction : Narrative *you* Addressee and/or Protagonist », *Arbeiten aus Anglistik und Amerikanistik*, 18, 1993 ; dans *Style*, 28-3, automne 1994, « Second-Person Narrative », numéro dirigé par Monika Fludernik,

« Second-Person Narrative : A Bibliography », *Style*, 28-4, hiver 1994.

（83）*La Modification*, 10/18, p. 12, 64, 210, 118.〔『心変わり』、清水徹訳、岩波文庫、二〇〇五年。〕

（84）*Le Pacte autobiographique*, Éd. du Seuil, 1975, p. 17.〔『自伝契約』、花輪光監訳、水声社、一九九三年。〕以下も参照のこと。Ph. Lejeune, « Puis-je me tutoyer ? », in *Pour l'autobiographie*, Éd. du Seuil, 1998, p. 208-210.

（85）Trad. fr. de Danièle Sallenave et François Wahl, Éd. du Seuil, 1981, p. 100.〔『冬の夜ひとりの旅人が』、脇功訳、白水Uブックス、二〇一六年。〕

（86）*Ibid.*, p. 240-241.

（87）*Ibid.*, p. 152, 158, 165.

（88）以下を参照。Michal Glowinski, « Sur le roman à la première personne », *in* collectif, *Esthétique et Poétique*, Éd. du Seuil, 1992.

（89）ドイツ語の表現はより露骨である。« erzählendes Ich » すなわち「語る私」と « erzähltes Ich » すなわち「語られる私」。

（90）*La Logique des noms propres*, trad. fr. Éd. de Minuit, 1982.〔『名指しと必然―様相の形而上学と心身問題』、八木沢敬、野家啓一訳、産業図書、一九八五年。〕

（91）*Mémoires d'Outre-tombe*, éd. J.-C. Berchet, Garnier, 1989, t. I, p. 561.

（92）Préface du traducteur Bernard Faÿ, Gallimard, 1934, p. 8.〔『アリス・B・トクラスの自伝』、金関寿夫訳、筑摩書房、一九七一年。ジュネットが参照しているのは仏訳者による序文。〕

（93）Trad. fr. d'Yvonne Davet, Gallimard, 1962, p. 21.〔『セバスチャン・ナイトの真実の生涯』、富士川義之訳、講談社文芸文庫、一九九九年。〕

（94）Vladimir Nabokov, *Feu pâle*, trad. fr. par Raymond Girard et Maurice-Edgar Coindreau, Gallimard, 1965, p. 261.〔『青白い炎』、富士川義之訳、岩波文庫、二〇一四年。〕

（95）*Ibid.*, p. 187.

(96) *Œuvres complètes*, éd. J-P. Bernès, Gallimard, coll. « Bibliothèque de la Pléiade », 1993, t. I, p. 517-522.〔『伝奇集』鼓直訳、岩波文庫、一九九三年。〕

(97) Trad. fr. de Lise Chapuis, Bourgois, 1987.〔『インド夜想曲』、須賀敦子訳、白水社、一九九三年。〕

(98) Dans *Les Armes secrètes*, trad. fr. de Laure Guille, Gallimard, 1963.〔『遊戯の終わり』に所収。〕

(99) いささか単純化していうと、これが『青い花』(Gallimard, 1965) の中でレーモン・クノーによって提案されたバージョンである〔『青い花』、新島進訳、水声社、二〇一二年。〕。

(100) どこにあったのかはもはや覚えていないのだが、ウッディ・アレンが示した少しばかりきわどく論争的な連関である〔言うまでもなくナチスのポーランド侵攻を暗示している〕。

(101) だが［目が覚めたとき］すでに私は、暗く曲がりくねった河を再び渡り終え、生者の世界が開かれる水面へと再び上っていたのであった。(*À la recherche du temps perdu*, *op. cit.*, 1988, t. III, p. 159.〔『失われた時を求めて8― ソドムとゴモラI』、吉川一義訳、岩波書店、二〇一五年。〕)

(102) 他にいろいろある中でもとりわけ述べたのは、このように現実へと不意に回帰し、それまでのことが夢であったと明かす手法は、多少なりとも滑稽なある種の物語にとってはありふれたものだからである。

(103) *À la recherche du temps perdu*, *op.cit.*, t. I, p. 374.〔『失われた時を求めて2―スワン家の方へII』吉川一義訳、岩波書店、二〇一一年。〕

(104) 仮にJ・Rが生き長らえていなければ（あるいはこの世に生を受けていなかったら？）起きていたはずのことが見られる『ダラス』の最終エピソードの一つは、この偉大なる古典から着想を得て撮影されたと言われている。もっとも、この話題をめぐる私の不確かな知識は『ハリウッド・ストーリーズ』というドキュメンタリーシリーズを全情報源とするものであって、私はこのエピソードが放映されたかどうかを知らない。

(105)『キャピテン・フラカス』をめぐって先に想起したように、イタリア的伝統に連なる俳優たちは、アルルカン、マタモール、イザベルのように、習慣となった（そして典型的な）自分の役名を、舞台の外においても自発的に保っている。逆に、サイレント映画の偉大な喜劇俳優たちは、むしろ（だが常にではない）戸籍上の自分の名字か名前、あるいはその両方を自分の演ずる登場人物に与えている。それゆえ視聴者を介してではあるが、テレビシリーズはハグマンを彼の演ずるJ・Rへと、またフォークを彼のコロンボへと還元し、そのことで多かれ少なかれ古典的な関係を復活させるのである。

（106）だがこうした真実性の推定は、『スワンの恋』や『バウドリーノ』のような（言葉による）物語的メタレプシスにも十分適用される。二次的物語（つまり出典が二次的な物語）を一次的物語が引き受けるということが、この種の保証となるのである。〔『バウドリーノ』では〕主人公の途方もない冒険の真正さについて、最後に（p. 555）ニケタスがいくらか疑いを差しはさみうるとはいえ、読者の方は語り手がこれについて行う報告を、（当然ながらフィクション的な不信の停止という様態で）受け入れる以外に選択肢ははないのである。

（107）Platon, *République*, 392c-394c.〔『国家』、藤沢令夫訳、岩波文庫、一九七九年。〕以下を参照。*Figures II*, Éd. du Seuil, 1969, p. 50-56, *Figures III*, *op.cit.*, p. 189-190.

（108）Käte Hamburger, *Logique des genres littéraires* (1977), Éd. du Seuil, 1986.

（109）たとえばデュマの『回想録』には、こうした予備的な催しが何度か言及されている。劇場支配人が作品を受け入れるか拒絶するかがこれにかかっているのだ。

（110）POL, 2002.

（111）Borges, « Magies partielles du *Quichotte* », *Œuvres complètes*, *op.cit.*, t. I, p. 709.〔「『ドン・キホーテ』の部分的魔術」、『続審問』、中村健二訳、岩波文庫、二〇〇九年所収。〕

訳注

（1）一六七六〜一七五六年。フランスの思想家。『転義論』の著者。
（2）一七六八〜一八四四年。フランスの修辞学研究家。デュマルセの転義論についての註釈書を出版。
（3）この引用箇所は、実際には第九歌にみられる。
（4）原文の flamme の原義は「炎」。この語の隠喩的用法として「情熱」「恋情」がある。日本語では対応する語が存在しないため「燃える思い」と訳す。
（5）フロマンタンの小説『ドミニック』（一八六三年）は、主人公ドミニックが語り手「私」に向かって過去を語る告白体の小説である。
（6）ジュネットの記憶違いである。『ボヴァリー夫人』の最後は、それまでの物語的な単純過去形から語りの現在時点との関連を示す複合過去形へと移行するが、冒頭部分で現れた一人称複数の語り手が回帰することはない。
（7）ハンブルガーとコーンは他人の内面に自由に入りこむことをフィクションの特性とし、それを示す言語的特徴を「虚構性指標」（コーン）とみなした。
（8）この場面ではまず主人公チャールズを無遠慮に観察する顎髭をたくわえた四十代の男が登場し、途中でこの人物が以前より物語に介入してきた作者＝語り手の「私」であることが明かされる。
（9）実際にはこの章でベルティエ元帥の死は語られていない。
（10）この章では『聖週間』の十年前に発表されたこのトリオレの小説が喚起され、その内容がアラゴンの語るこの町の情景と重ね合わせられている。

（11）『聖週間』の序文で、アラゴンは批評家たちに対し、この作品と『コミュニストたち』が共に「社会主義リアリズム」に属する著作であることを強調している。
（12）スカロンの邦訳は『滑稽旅役者物語』となっているが（『滑稽旅役者物語』、渡部明正訳、国書刊行会、一九九三年）、roman comique はしばしば「滑稽小説」と訳される。
（13）原文ではイザベルやレアンドルに定冠詞をつけることで固有名詞の普通名詞化が示唆される一方、« la Coquette » のような普通名詞は語頭の文字が大文字にされることで固有名詞化している。
（14）換称法は、普通名詞で固有名詞を、あるいは逆に固有名詞で普通名詞を示す方法。「処女」を意味する vierge から la Vierge（聖母マリア）、あるいは固有名詞ソロモン（Salomon）から un Salomon（一人の賢者）が導かれる例などが挙げられる。ここで示されているように、換称法では一般的に冠詞が用いられる。
（15）プラウトゥスの同名の喜劇に由来する典型的な人物像で、後のコメディア・デラルテのカピタンやコルネイユ『舞台は夢』のマタモールなどに受け継がれる。
（16）この引用の時制はすべて半過去形で書かれている。出来事を語る物語であれば、単純過去形が使われるべき箇所である。
（17）前段落で引用したレアンドルが侯爵夫人とイザベルに視線を投げかける場面、ならびにこの引用文は単純過去形で叙述されている。
（18）この引用文では、作中人物の「声」の残響が感じられる自由間接話法から、語り手の声が支配的な間接話法へと変化している。
（19）「イペルテクスト」「イポテクスト」はジュネットが『パランプセスト』で提示した用語。ジョイスの『ユリシーズ』がホメロス『オデュッセイア』を下敷きにしているというようなテクスト同士の関係を指す際に用いられる。元になるテクストが「イポテクスト」であり、派生的テクストが「イペルテクスト」である。
（20）本書最終断章を参照。

（21）邦訳は『真説聖ジュネ』。中央大学人文科学研究所編『フランス十七世紀演劇集―悲劇』、中央大学出版部、二〇一一年に所収。

（22）ここで「出現」と訳した語 « apparaître » の名詞形 « apparition » は、超自然的存在の出現、幽霊、幻という意味にもなる。

（23）『舞台は夢』の原題は *L'Illusion comique*。直訳すれば「喜劇的幻影」となる。ここで入れ子にする劇作品と言われているのは、当然コルネイユを作者とするこの作品自体のこと。

（24）第一場に、ベジャール嬢がモリエールに向かって「あなたになされた批判を主題にした作品を作れと言われたのだから、ずいぶん前に話してくれた、俳優たちの喜劇をやればよかったじゃない」と言う場面がある。ギシュメール、廣田、秋山編『モリエール全集』第三巻、臨川書店、二〇〇〇年を参照。

（25）「ムッシュー」はモリエールの庇護者となったルイ十四世の弟、フィリップ・ドルレアンを指す。

（26）モリエールがやってみせているブレクールの役のセリフ内に、社交界の人びとの口真似をする場面がある。

（27）この『ヴェルサイユの即興劇』には演劇の擁護というテーマもある。

（28）『ヴェルサイユの即興劇』は、『お嫁さん学校』の成功をめぐって生じたモリエールに対する批判、またそれに対してモリエールが発表した『お嫁さん学校批判』を下敷きとしている。

（29）ピエール・ダックとフランシス・ブランシュはともにフランスを代表するコメディアンで俳優。二人によるコメディは一九五〇年代に劇場やラジオ番組などで人気を博した。ピエール・ダックがインドの聖人に扮したこのサー・ラビンドラナー・デュヴァルは、その中でももっとも有名なコントの一つ。

（30）一八九五年に公開された史上初の映画とされるこの作品は、リュミエールが自社工場から出て行く人びとを撮影している。

（31）この映画では、スクリーンに映し出された映像を見ているジョシュおじさんが興奮してスクリーンを引きちぎり、後ろから現れた技師と取っ組み合いの喧嘩をするところで終わる。

（32）実際はスクリーンに映った主人公の影が移動し、本人が横から出てきて賞を受け取る。
（33）ジェリー・ルイスはパイロット役。乱気流に見舞われた機体の揺れが、「現実の」客室ではなく客室内にかけられたスクリーン上の食事シーンにのみ反映し、映画内映画の給仕が食事をぶちまけたり、床が傾いてテーブルや椅子が滑り落ちたりする。
（34）« inquiétante étrangeté » の訳。フロイト精神分析の用語ではドイツ語 « das Unheimliche » に対応し「不気味なもの」と訳される。
（35）「行為者」と訳した « acteur » には「役者」の意味もある。すべてがスペクタクルと化した社会で自らを演ずる（演じさせられている）人間という含意も読み取れる。
（36）フランスでは『ロフト・ストーリー』というリアリティショーが二〇〇一年から二〇〇二年にかけて放映され人気を博した。
（37）「二重の意味」というのは、この虚構内の映画監督としてヴィダーその人が登場することによる。
（38）スペンサー・トレイシーはこの映画の撮影直後に心臓発作で死去。また妻役を演じたキャサリン・ヘップバーンとは事実婚であった。
（39）ヘンリー・フォンダはこの受賞の数ヶ月後に七十七歳で没している。
（40）イペルテクスト、イポテクストについては訳注19を参照。
（41）「オートグラフィック」「アログラフィック」はネルソン・グッドマンの用語。ある作品の同一性ないしは真正性が、絵画のようにその物理的具現化に存するものを「オートグラフィック」と形容し、音楽や文学のように抽象的な記譜法や書法に存するものを「アログラフィック」と形容する。
（42）ヘッダ・ホッパーはゴシップ・コラムニストとしても知られた。
（43）エヴァ・ガードナーがカメオ出演しているのは『雨に唄えば』ではなく『バンド・ワゴン（The Band Wagon）』。
（44）正式な作品タイトルは『アンフィトリオン三十八』。ゼウスがアンフィトリオンの姿をとってその妻アルクメーネーと交わるという内容のアンフィトリオン（アムピトリュオーン）神話をもとにした三十八番目の作品ということ。他にもモリエールの作品などがある。
（45）言語による描写を指す修辞法の一種。特に造形芸術作品を言語で表象する修辞法を指す。
（46）「後説法」は物語論の用語。出来事が起きた順序とそれを報告する順序を異ならせる錯時法の一つで、語られている「現在」時点より以前の出来事を喚起することを言う。ここでは引用部分に続いて、時間的にはこの場面より以前の出来事となる、テーセウスがアリアドネと結ばれた後にディーア島から逃げた物語が、単純過去形を用いて語られることを指す。
（47）『フィクションとディクション』、和泉涼一、尾河直哉訳、水声社、二〇〇四年を参照。
（48）「連合」については注26を参照。なお、佐藤信夫、佐々木健一、松尾大『レトリック事典』、大修館書店、二〇〇六年では、この語を「立場交流」と訳している。
（49）フランス語の二人称« vous »は、敬意や距離をともなった二人称単数と二人称複数の二つの意味がある。距離が遠くない二人称単数の代名詞は« tu »、« toi »はその強勢形。
（50）パンペロはアルゼンチンとウルグアイのパンパ地帯を吹く風のこと。
（51）ただしこの引用の少し前に、男性形が総称的であることが言及されている。
（52）レジスタンス運動の指導者ジャン・ムーランを一九六四年にパンテオンに祀るセレモニーに際して、当時の文化大臣アンドレ・マルローが発した演説の一句。
（53）ナポレオンの百日天下の間ヘントに滞在していたルイ十八世は、一八一五年のこの日にパリに帰還し、第二次復古王政が始まった。
（54）ジュネットが参照しているテクストは不明だが、トゥエインの「インタビュアーとの出会い」（一八七四年）という短編にこの内容の一節がある。
（55）語り手は死んだ異母兄弟である作家のセバスチャン・ナイトと自分が同一不可分の存在であるという認識にいたる。

（56）連続ドラマと訳した« feuilleton »は新聞の「連載」小説などの意味で用いられる。
（57）« trompe »には象などの「鼻」と「不貞をはたらく」を意味する動詞« tromper »がかけられている。
（58）ステュディオ・デ・シャンゼリゼはシャンゼリゼ劇場内にある主に実験的作品の発表の場となっている小劇場。アルマ橋近辺に位置する。
（59）『禿の女歌手』に« Prenez un cercle, caressez-le, il deviendra vicieux »「円環を手にとってなでてみよ、すると邪悪になる」という一節がある。
（60）このスタンダールの小説の語り手は、しばしばファブリス・デル・ドンゴのことを「我らが主人公」と呼ぶ。
（61）「重要人物」と訳したのは« personnage »。小説の「登場人物」と同じ語。

訳者解説

本書は Gérard Genette, *Métalepse*, Seuil, 2004 の全訳である。著者ジェラール・ジュネット（一九三〇－二〇一八年）は、改めて紹介するまでもなく、二十世紀後半を代表する文学理論家である。あるいは彼自身が（再び）価値を与えた言葉「詩学《ポエティック》」を用いて、その実践者であるポエティシアンと言ったほうがより正確かもしれない。いずれにしても数年前に世を去るまで、半世紀近くにわたってコンスタントに発表されつづけたその著作群によって、また社会科学高等研究院（EHESS）の指導者やニューヨーク大学の客員教授として、さらには一九七〇年にツヴェタン・トドロフとともに起ち上げ、現在も続いている雑誌『ポエティック』や、スイユ社の「ポエティック叢書」（本書もこの叢書から出版されている）の主導者として、フランスのみならず世界の文学研究に大きな影響を与えた人物である。

ジュネットは一九九七年にニューヨーク大学で行われた講演をもとにした「テクストから作品へ」（『フィギュールⅣ』（一九九九年）所収）の中で、それまでの自らの仕事を振り返っている。これに即しつつ、まずは彼の知的な軌跡を確認しておこう。

ジュネットの公にされた最初の批評的テクストは、ジャン・ルーセやガストン・バシュラールの影響下に書かれたテーマ批評的なエッセーであった。しかし間もなくロラン・バルトの決定的な影響を受け、一九六〇年代初頭から構造主義批評へと関心を向けた彼は、バルト自身の仕事やフィリップ・ソレルス率いる「テル・ケル」の活動などに代表される批評の季節の中で、次第に文学の一般法則を研究対象とする詩学を構想しはじめる。『フィギュールⅠ』(一九六六年)、『フィギュールⅡ』(一九六九年)、そして『フィギュールⅢ』(一九七二年)の前半に収められた論考には、この時期のジュネットの様々な関心や方法論上の模索と同時に、後年の仕事にもつながる問題意識がすでに現れているのを目にすることができるだろう。そして、その詩学への関心が物語という対象に向けられたのが、『フィギュールⅢ』の大部分を占める「物語のディスクール」として発表され、ジュネットの代名詞となった「物語論《ナラトロジー》」――とはいえこの研究分野の命名者はツヴェタン・トドロフであったが――である(ちなみにジュネットは、一九六六年に刊行される『コミュニカシオン』誌で物語の構造分析特集を企画していたバルトに請われ、いやいやながら物語研究に着手したことを告白している)。ここでジュネットはプルーストの『失われた時を求めて』を主要な分析対象としながら、物語における時間や「叙法」、「態」といった語りの様態をめぐる構造的な分析を行った。この論文で提案された物語分析の方法論が、「内的焦点化」や「異質物語世界的物語」等々の用語とともに、現在にいたる文学研究に(そして文学教育にも)大きな影響を及ぼしていることはよく知られている。

ただしその研究領域がいかに広大なものであれ、物語論がジュネットの構想する詩学の一分野を占めるにすぎないということは、改めて確認しておいてもよいだろう。事実「物語のディスクール」を発表した後のジュネットは、詩的言語へと関心を（再び）向け、言葉と物の間の自然的結びつきを問ういわゆるクラテュロス主義についての著作『ミモロジック』（一九七六年）を発表した後に、彼が「超越性」と呼ぶ領域、とはいっても神学や形而上学的な領域ではまったくなく、テクストがその外部――他のテクスト、ジャンル、タイトルなどのそれ自体としてテクスト的な現実の領域――ととりもつ関係についての研究へと乗り出す。ここから生み出されたのが、アリストテレスからドイツロマン主義にいたるジャンル論を批判的に検証し、テクストが属するカテゴリーの性質を明らかにした『アルシテクスト序説』（一九七九年）、パロディやパスティーシュなど、あるテクストが他のテクストととり持つ関係を研究した『パランプセスト』（一九八二年）、そしてタイトル、作家名、ジャンル指標など書物の出版に関わる情報、さらには批評や作家のインタビューなど、テクストを取り巻いてそれを社会と接続させる装置である「パラテクスト」を研究した『スイユ』（一九八七年）である。

こうして文学テクストの「超越的」領域を探求したジュネットは、彼自身が「移行的著作」と位置づける『フィクションとディクション』（一九九一年）において、「文学性」の定義や虚構的言説と事実的言説の境界（これについては後述する）などを考察した後、ここでも既に援用していた分析哲学や分析美学――特にネルソン・グッドマンとアーサー・ダントー――の手法や問題意識を批判的に取り入れ、また他方でカントの美学などとも対峙しながら、音楽や絵画も含む一般美学へとその研究領域を広げてゆく。その成果として発表されるのが、『芸術の作品I――内在性と超越性』（一九九四年）と『芸術の作品II――美的関係』（一九九七年）である（この二作はのちに『芸術の作品』（二〇一〇年）として一冊にまとめられる）。この著作のタイトルが示しているように、ジュネットが自らの美学の中心においたのは、「作品（œuvre）」をめぐる考察であった。

（自然美も含む）美的対象と人工物の重なる領域に「芸術作品」を位置づけ、その存在と機能について考察したこの著作は、芸術作品の存在様式を類型化し、それらを体系的に分析するものであるという意味で、ジュネットがこれまで行ってきた文学テクスト研究の延長線上にあると言える。だがその一方、ジュネットはここで美的意図を備えた人工物が受容者の個別的な経験において「機能」あるいは「作用」し始めるところに本来の意味での芸術作品の生成を認めるという観点を出しており、その点でこの『芸術の作品』二部作は、彼の詩学／美学をより決定的にプラグマティックな方向へと進めるものでもあった（「芸術作品（l'œuvre d'art）」ではなく「芸術の作品（l'œuvre de l'art）」というタイトルは、「作品（œuvre）」が含意する「活動」、「仕事」、「行為」という動態的な側面を強調するものである）。

こうしてみると、一九九七年になされた「テクストから作品へ」というジュネットのニューヨーク大学での講演タイトルが、ちょうど彼が終えたばかりの美学的探求に対応したものであることが分かるだろう。もちろんこのタイトルは、ロラン・バルトの有名な論考、すなわち作者に従属した一種の消費財としての「作品」を放棄し、解釈の多様性に開かれた「テクスト」を称揚した「作品からテクストへ」（一九七一年）を逆転させたものである。このバルトのテクストが批評宣言であったという事情を考えるなら、ジュネットの『芸術の作品』二部作もまた、来たるべき美学プログラムとして理解されるべきものであったのかもしれない。とはいえ彼が自ら着手したこの探求をさらに先へと進めることはなかった。晩年の彼は、辞書的な形式をとる『バルダドラック』（二〇〇六年）を皮切りに、生前に刊行されたものとしては最後の著作『ポストスクリプト』（二〇一六年）にいたるまで遊戯的な自伝テクストを相次いで発表し、美的経験の理論家というよりはむしろその実践者として振る舞ったのである。

＊

二〇〇四年に刊行された本書『メタレプシス』を、右に素描したジュネットの知的軌跡の中に位置づけるなら、一般美学への関心を反映させて書かれた「物語のディスクール」への長大な補注であると同時に、『フィクションとディクション』で中心的に展開されたフィクション理論に新たな視点を付け加えた著作と言えるだろうか。緩やかにつながる断章形式を用い、ユーモアを交えた語り口で読ませる――翻訳がその声と洒落っ気を損なっていないことを願うのみだが――本書は、小著ではあるものの、「メタレプシス」という概念をめぐる考察を通じて、ジュネットの詩学と美学のさまざまな側面に触れることができる著作でもある。ジュネット自身によるジュネット入門と言ってもいいかもしれない。

本書の直接的なきっかけとなったのは、社会科学高等研究院「芸術と言語研究センター（CRAL）」が、ハンブルク大学「ナラトロジー研究グループ」ならびにパリ第三大学「比較文学研究センター」と共同して二〇〇二年に開催した「メタレプシス、現在」と題されたシンポジウムにおけるジュネット自身の口頭発表である。このシンポジウムの成果論集の編者であるジョン・ピーアとジャン＝マリー・シェフェールによれば、このシンポジウムが企画された背景には、一九八〇年代以降、構造主義の衰退に伴って当初の方法論としての革新性を失い、文学教育のツールに成り果てたように見えていた物語論の可能性を再確認し、とりわけドイツとアメリカ合衆国で展開していた新たな研究動向を（フランスで）可視化させるという動機があった（John Pier, Jean-Marie Schaeffer (éd.), *Métalepses*, EHESS, 2005）。事実、このシンポジウムが行われた今世紀の初頭は、「ポスト古典的物語論」のかけ声のもとに、物語論が認知科学や語用論などの新たなパラダイムを積極的に取り入れることで「人間にとって物語とは何か？」という人間学的な問いに接近しようとしていた時期であり、またその分析対象を文学テクスト（特に小説）に限定されないさまざまな物語言説へと拡大させ、さらにはメディア横断的なアプローチをとって、言語的物語に還元されない「物語性」について考え始めようとする時期でもあった。「古典的」物語論の立役者であるジュネットは、こうした物語論の刷新という当時の（そして現在も続いている）状況に、「物語のディスクール」に再び立ち返ることによって応答したというわけである。

しかしなぜ「メタレプシス」なのか。ピーアとシェフェールによれば、「虚構物語、さらにはより一般的に、心的表象それ自体の機能のいくつかの様態に関わる根本的な問い全体の交差点」にメタレプシスは位置するということだが、その研究の展望についてはあとで触れることにして、まずはジュネットのメタレプシス論の要点を確認しておこう。

本書の冒頭でも述べられているように、メタレプシスとはもともと修辞学の用語として存在していたものを、ジュネットが「物語のディスクール」で取り上げたことによって物語論の概念として知られるようになった言葉である。この論考でジュネットは、メタレプシスを物語の「水準」に関する議論の文脈に位置づけながら、作者が物語世界の出来事を（報告するのではなく）生じさせるようにふるまう古典的修辞としての「作者のメタレプシス」をウェルギリウスやスターンなどに例をとりつつ導入し、それを起点として近現代小説（あるいは戯曲）にみられるその変奏の事例を論じていた。物語世界の時間と物語る行為の時間を同一水準上に置くような物語技法（「崇敬に値する聖職者がアングレームの勾配を登っている間に、以下のことを説明しておくのは無駄ではない……」（バルザック））、舞台空間の中で役者が登場人物と役者自身の役を交互に演ずるピランデッロの演劇、あるいは虚構内虚構の登場人物が（虚構内の）現実に入りこんでくる事態を示唆することで「作者のメタレプシス」を逆転させたコルタサルの「続いている公園」――こうした例を引き合いに出しながら、ジュネットは語る行為が位置する世界と語られる世界の間に存する「変化はするが神聖不可侵の境界」を破る遊戯的な階層侵犯として、メタレプシスを定義したのである（なお『新・物語のディスクール』（一九八三年）では、一次的物語と二次的物語が作り出す「入れ子」構造に焦点を合わせ、その敷居の「意図的な侵犯」としてメタレプシスが説明されている）。

メタレプシスについてのこうした定義は、ここで扱われた例とともに、本書『メタレプシス』にもそのまま引き継がれている。さらにはメタレプシスがもたらす存在論的不安――世界が入れ子状になっているのなら、我々もまた一つの虚構世界の住民に過ぎず、その外側には誰かがそこで我々の世界を作っている別の「現実」があるのではないか――を喚起することで本書を閉じるボルヘスの印象的なテクストについても、それが「物語のディスクール」ですでに引用されていることを考えあわせるなら、本書の基本的構図は一九七二年に発表された論考の数ページの中にすでに認められるものであると言えるだろう。

とはいえもちろん、ジュネットが物語論の新潮流に対して自説を擁護するべく、かつての著作の一部を拡大再生産したのが本書であると言いたいわけではない。メタレプシスという概念装置はジュネットにとって本書の出発点であって、彼がここで試みたことは、この物語論的概念装置によってとらえられる現象を可能な限り拡大し、この観点から視野に入ってくる一般美学に関する考察を繰り広げることであった。おそらくはそうした彼の意図を読み取ることができるのが、本書の出版後に行われ、インターネットサイト《Vox Poetica》に掲載されたインタビューの中でのやりとりである。このときジュネットは、物語論研究者はメタレプシスをこれまで正当に取り扱ってこなかったのではないかと問うインタビュアーのジョン・ピーアに応え、次のようなことを述べていた――「物語のディスクール」の執筆当時、自分はメタレプシスを先説法（prolepse）や後説法（analepse）など、修辞学から転用したその他の物語論的概念と同一の体系に属するものとして位置づけていたのだが、実は当時からこのメタレプシスという文彩はそれ以上の領域に関わるだろうと感じていた、そこで三十年後にそれを「手短かつ乱雑」に、

「自分の地平をいくらかひろげて」探求してみたのがこの『メタレプシス』という書物だ（http://www.vox-poetica.org/entretiens/intGenette.html）。

「手短」については措くとして、ジュネットのメタレプシス探求の「乱雑」ぶり――とはいえある時代の知識人的教養に特有の傾向性を示してもいるのだが――を推し量るには、本書に登場する固有名の一部を挙げるだけで十分だろう。ホメロス、ウェルギリウス、ベラスケス《ラス・メニーナス》、コルネイユ『舞台は夢』、ミシュレ、マネ《エミール・ゾラの肖像》、アラゴン『聖週間』、ジオノ『ノア』、ナボコフ『青白い炎』と『セバスチャン・ナイトの真実の生涯』、ボルヘス、チャップリン、マルクス兄弟、エルンスト・ルヴィッチ『生きるべきか死ぬべきか』、ヒッチコック『めまい』、ジョン・ファウルズ『フランス軍中尉の女』とカレル・ライスによるその映画版、トリュフォー『アメリカの夜』と『終電車』、ジェリー・ルイス、『刑事コロンボ』のピーター・フォーク、『ダラス』……。このようにジュネットは、文学は言うまでもなく、映画、演劇、絵画さらには（やや距離を置きながら言及する）テレビドラマにいたる芸術作品をメディア／ジャンル横断的に取り上げながら、それらがどのように二つ（以上）の物語世界の水準とその境界を問題化しているかを論じてゆくのである。

ここで着目すべきは、これらの議論が、狭義の物語論の範囲を大きく超えるものであるということである。ディドロ『運命論者ジャックとその主人』やコルタサル「続いている公園」といった「物語のディスクール」で取り上げられた例が本書でもふたたび言及される一方で、たとえばビュトール『心変わり』やカルヴィーノ『冬の夜ひとりの旅人が』で用いられた、現実の読者が虚構世界に巻き込まれるような幻影を（一時的に）作りだす二人称の効果がメタレプシスの一種として位置づけられ、また過去の自作のみならず、エルザ・トリオレの作品への目配せによって複数の物語世界を往来するアラゴン『聖週間』が、間テクスト的メタレプシスとして論じられる。さらにジュネットによるなら、画家自身が映り込んだ鏡が画面に描かれることで「絵画内絵画」を構成するヤン・ファン・エイク《アルノルフィーニ夫妻像》は、非物語的な視覚芸術においてもメタレプシスを語りうる例となる。メタレプシスの守備範囲はこうして拡大する。

とはいえ本書においてメタレプシス的実践の領域を決定的に広げているのは、演劇ならびに映画である。スクリーンから俳優が抜け出して観客に会いに来る『カイロの紫のバラ』によって「虚構内現実」と「虚構内虚構」の境界をまたぐ映画的メタレプシスの典型例を創出し、（ハーバート・ロス監督の）『ボギー！　俺も男だ』で『カサブランカ』のフィルム的引用とパロディ的リメークによって、パランプセスト的メタレプシスを映画で実践したウッディ・アレンは、メタレプシスと支持体の問題をこれ以上ないほど巧妙に演出した映画作家である（ジュネットは先に言及したインタビューで、メタレプシスへの関心の高まりはウッディ・アレンの映画のおかげではないかと述べていた）。他方、モリエール『ヴェルサイユ即興劇』とロバート・アルトマン『ザ・プレイヤー』がそれぞれ異なるやり方で示しているのは、俳優たちが自分自身として虚構世界に登場することにより、現実世界と虚構世界の存在論的秩序を混乱させるような階層違反であった。そしてテオフィル・ゴーティエの小説『キャピテン・フラカス』が描き出すのもまた、（虚構内）現実の存在である役者と、彼らが演じる（虚構内）虚構世界における登場人物の間に作り出されるアナロジーや同一性によって、この二つの世界が精妙に重なり合うことから生じるメタレプシス的な効果である。すなわちこれらの演劇や映画がそれぞれのやり方で示しているのは、現実的存在でしかあり得ない役者の身体が同時に虚構世界の登場人物を具現化しているという二重性によって作り出される、言語的表象とは根本的に異なるフィクション作品の存在形式である。

＊

これらの限られた例がすでに示しているように、ジュネットは本書を通じてメタレプシスという文彩の可能性を（おそらくは過度に？）引き出し、人間が芸術と取り結ぶ美的関係についての一側面をさまざまに素描してみせた。本書の最大の興味がこの美学的考察にあることは間違いない。ここでは本書から引き出すことのできるそうした考察の一つとして、「フィクション」という論点をめぐっていくつかの補足をしておきたい。というのも、本書でジュネットが提案しているフィクションについての考え方は、右に述べたジュネット自身の理論的展開においても、また現在のフィクション理論においても興味深いものであるからだ。

本書でジュネットは、フィクションとは「文彩《フィギュール》の拡大された様態」であるという説をたてている（十五ページ）。「文彩《フィギュール》からフィクションへ」という本書の副題が意味するのもこのこと、つまり、文彩とフィクションの間には連続性があり、どちらに属するかは程度の問題だという考え方である。「あなたは勇敢だ」と言うために「あなたは獅子だ」という隠喩を使うことは、すでにしてフィクションの領域に片足を突っ込むことである。その歩みをもう一歩すめて「樫が葦に言った」と言うことは、「頑丈な人物が痩せた人物に言った」という意味の隠喩でもあれば、文字どおり植物が会話をする様子を描いたフィクショナルな発話でもありうる。いずれの場合でも、隠喩的表現はそれ自体としてフィクションにはなりえない。それゆえフィクションか否かという分類をするなら、これは「事実的発話」に属することになる。だがジュネットはこうした二分法を斥け、というよりはむしろこうした二分法とは別の観点から、人間が植物と想像的に同化する時点で、隠喩的表現にはすでにフィクションの萌芽があると言う。彼によるなら、文彩（隠喩）とフィクションは、どちらも現実にはあり得ない事態を受け入れさせる「言葉の遊戯」であるという意味において、同一の次元に属するのである。

ところでフィクションについてのこうした考え方は、ジュネットが『フィクションとディクション』で提示したフィクション論を知る者からすれば、いささか奇異に感じられるかもしれない。というのもこの著作に収められた二つのフィクションに関わる論考、すなわちフィクションとは「装われた断定」であるというジョン・サールの語用論的定義を検証した「フィクションの行為」と、自らの物語論的概念装置を再検討しながら虚構的物語と事実的物語を「論理的」に区別するための基準を論じた「虚構的物語、事実的物語」においてジュネットが考察の対象としたのは、虚構的言説に特有の性質は何かというフィクションの定義の問題、そして虚構的言説と事実的言説を分かつ「境界」の問題に他ならなかったからである。そしてジュネットによって修正されたサール説を受け継いで「共有された遊戯的偽装」というフィクションの定義を提示したジャン＝マリー・シェフェール『なぜフィクションか?』（一九九九年）においても、またそのシェフェールに立脚しつつ「すべてはフィクションだ」という汎フィクション説に反対し、文字どおり「境界の擁護」という副題をつけたフランソワーズ・ラヴォカ『ファクトとフィクション』（二〇一六年）においても、フィクションという領域の固有性をいかに抽出するか、またフィクションと事実の領域の境界をいかに記述するかは、フィクション理論の主要な論点であった（そして今でもあり続けている）。こうした研究状況に照らして考えるなら、事実的言説もいくらかフィクションでありうると主張するかのような『メタレプシス』におけるジュネットの立場は、彼自身が大きく寄与したフィクション理論の基本的問題設定から外れるように思われるのである。

それではジュネットは自らの立場を変えたのだろうか。おそらく、そうではないだろう。というのも彼は、〈文彩＝フィクション〉説を「フィクションの行為」の中ですでに示唆していたからである。右に述べたように、ここでジュネットは、アメリカの言語哲学者ジョン・サールの論文「フィクション言説の論理的ステイタス」（『表現と意味』（一九七九年）所収）を仔細に検討し、サールがフィクションを「本気（serious）」の（つまり現実にコミットする）発語内行為としてなされる断定の「ふり（pretense）」として定義したことは正しいが、他方でその「ふり」の発話が独自の（つまり「本気」の）発語内行為を構成しない寄生的なものであると述べたのは誤りだとして、フィクション的発話がいかなる意味で「本気」の発話となりうるかを検討している。

ここでのジュネットの主張を一言で要約するなら、サールがやはり『表現と意味』で論じている「間接的言語行為」の議論を援用することで、フィクション的発話が一種の命令（もしくは依頼）あるいは宣言という「本気」の発語内行為であると証明するということになる。つまり「塩を取れますか？（Can you reach the salt ?）」という疑問文が、食卓においては「塩をこちらに渡してください」という「間接的」な依頼として働くのと同様に、「昔々あるところに、一人の少女がいました」という「装われた断定」は、フィクション作品の文脈の中では、「かつて一人の少女がある場所に存在したことを想像せよ」という命令（もしくは依頼）として、あるいは「私はかつて一人の少女がある場所に存在したことを虚構として宣言する」という宣言として機能する発話だということである。

「文彩」の問題は、フィクションを特徴づける「装われた断定」をこのように「字義通りでない発話」と捉えることで視野に入ってくる。「フィクションの行為」の議論をもう少しだけ追ってゆこう。ジュネットによるなら、「あなたは獅子だ」を字義通りに本気の発話ととることは不可能だが、比喩的な意味（＝「あなたは勇敢だ」）にとるなら、これは十分に現実にコミットする断定となる。この意味で、文彩的発話もまた、間接的言語行為と同じように、字義通りでない（本気の）発話である。さらにジュネットは、ともにフィクションを構成するものとして、間接的言語行為と文彩の間にある差異がたいして重要ではないと述べるのみならず、間接的言語行為の概念を字義通りでない発話のカテゴリー全体にまで拡大し、両者を重ねることによって、文彩を間接的言語行為のサブカテゴリーに位置づけてしまう。こうして文彩は「字義通りには受け入れがたい意味を持つ間接的言語行為」として定義されるものの一つとして、フィクション的発話の体制に編入されることになるのである。

　実のところ「フィクションの行為」で提示されるこの〈文彩＝フィクション〉説は、フィクション理論の体系性という観点からすると疑問が残るものである。たとえば文彩的な発話が間接的言語行為と同様に字義通りでない発話であるというのはそのとおりだが、その発話構造は、（サール的な意味での）間接的言語行為とは違い、言説にフィクショナリティを与える命令や依頼、あるいは宣言といった発語内効果を生じさせるものではない（「あなたは獅子だ」が「あなたは獅子であると想像せよ」等々を意味することはない）。このように発語内的力を異にする二種類の発話を一括りにすることが、はたしてフィクションの理解に資することになるのだろうか。

　だがフィクション理論固有の議論はひとまず措くとして、ここではジュネットが、語用論的観点からフィクションの領域を画定することを主題としたこの論文において、すでに（サールとは異なり）文彩をフィクションの一種とみなす観点をとっていたことを改めて確認しておきたい。ジュネットのこうした立場は、彼がフィクションを言説制度の問題（これが語用論の立場である）としてよりも、むしろ美学的問題として捉えていたことに由来するように思われる。別の言い方をするなら、彼にとってフィクションの問題とは、なによりもまず想像力の一形式を明らかにすること、すなわち一方では現実に対応しない「ウソ」を、他方では現実には「ありえない」表現を、ともに美的なものとして経験可能にする想像力のありようを明らかにすることにあったのではないだろうか。

この推察がジュネットの「意図」をどこまで的確に指し示しているかは分からないが、ともあれこのように考えることで、少なくとも本書『メタレプシス』の射程はいっそう明確になるだろう。それはすなわち、文彩とフィクションを連続性のうちに捉える——文彩（figure）と虚構（fiction）がラテン語 *fingere* に共通の語源をもつことをジュネットは想起している——本書が、メタレプシスという〈文彩＝フィクション〉的な想像力をめぐる、（やや大げさな言い方をすれば）人類学的考察とでもいうべき拡がりを持っているということである。その探求の中心にあるのはもちろん、文学や映画など文化的制度によって制定されたフィクションである。だがこの想像力は、こうした制度的フィクションを超えた領域においても作用する。映画スターとの邂逅に驚くファン、メディアが作り出すセレブリティ、そしてリアリティーショーが与えるいかがわしい熱狂……「スペクタクル社会」をめぐるこうした現象の分析によってジュネットが示唆しているのは、メタレプシスという〈文彩＝フィクション〉的な想像力が、我々の日常世界においても重要な役割を果たしているという事実である。

＊

最後にメタレプシスをめぐる研究状況をごく簡単に紹介しておこう。

ディドロやスターンといった十九世紀的リアリズム以前に位置する小説家、そしてピランデッロやコルタサルといった二十世紀の前衛的な小説家や劇作家の例とともに、「どのようなものであれ物語世界外的な語り手や聴き手による物語世界内への侵入〔……〕あるいはその逆の事態〔……〕は、奇妙であったり、滑稽であったり、あるいは〔……〕幻想的であったりする効果を生み出す」ものとしてジュネットが「物語のディスクール」で提示したこの概念は、まず、反（あるいは非）リアリズム小説やメタフィクションの分析において参照された。ダグラス・ホフスタッターの「不思議の環」についての議論や、トマス・パヴェルのフィクション理論を同時代的に取り入れ、ロブ＝グリエやクリスティン・ブルック＝ローズら現代作家によるメタレプシス実践を分析したブライアン・マクヘイルの『ポストモダニスト・フィクション』（一九八七年）は、その先駆的かつ代表的な研究である（Brian McHale, *Postmodernist Fiction*, Methuen, 1987）。

二〇〇〇年前後になると、メタレプシスという概念じたいに対する注目が高まるようになる。本書のもとになったシンポジウム「メタレプシス、現在」、そして本書そのものがそうした潮流に位置するものであることは言うまでもない。この時期における傾向として第一に指摘すべきは、物語論（あるいはフィクション理論）研究者たちによるメタレプシス概念の精緻化である。たとえばマリー＝ロール・ライアンは、階層違反が一時的で、結果的には二つの物語水準の間にある境界を再確認することになる「修辞学的メタレプシス」と、ポストモダン小説によって典型的に示されるような、二つの異なる物語世界が決定的に相互嵌入する「存在論的メタレプシス」の二種類に分けることを提案している（Marie-Laure Ryan, *Avatars of Story*, University of Minnesota Press, 2006）。一方、フランク・ワグネルは、物語世界外的水準から物語世界内的水準へ、あるいはさらにメタ物語世界的水準へというメタレプシス的な運動が双方向的に生じうることを確認したうえで、それとは別種の同一水準内にある異なる物語世界間でのメタレプシス（たとえばレーモン・クノー『イカロスの飛行』の物語世界内に存在する複数の虚構内小説家の作品＝メタ物語世界間の移動）を加えた類型論を提案した（Frank Wagner, « Glissements et déphasages », in *Poétique*, n. 130, 2002, p. 235-253）。このような「水平的」メタレプシスは、異なる作品（同一作者でも異なる作者でもよい）の物語世界へと侵入する「フィクション横断的」メタレプシスという論点を生じさせている。

あるいはまた、これまでモダニズムや前衛的小説に特化されがちであったメタレプシスの機能についての再検討もみられる。右に挙げたバルザックの引用（「崇敬に値する聖職者がアングレームの勾配を登っている間に、以下のことを説明しておくのは無駄ではない……」）などは、必ずしもメタレプシスがリアリズム的幻想を破壊するものではないことを示している。前述のワグネルによるなら、この種のメタレプシスはテクストの一貫性を高めるための「演出機能」として作用するものだ。また「メタレプシス、現在」のシンポジウムで映画におけるメタレプシスを論じたシェフェールも、フィクション的没入の破壊装置としてよりは、むしろ現実世界と虚構世界の両方に注意を向けながらフィクション的没入をたえず最適化する心的活動の象徴としてメタレプシスを捉える可能性があると述べている。

ドイツの出版社デ・グロイター社から二〇〇九年に刊行された物語論の概説書『ハンドブック・オブ・ナラトロジー』をベースとして、その後何度かアップデートされたウェブサイト《ザ・リヴィング・ハンドブック・オブ・ナラトロジー》に、ジュネット以降のメタレプシス研究を概観するすぐれたサーベイ記事を書いたジョン・ピーアは、メタレプシス研究の今後の展望を開くものとして以下の五つの論点を挙げている――一、メタレプシス効果の相対性の研究（局所的か全体的か）、二、メタレプシスとフィクショナリティの関係についての研究（ミメーシス的幻影の破壊か増幅か）、三、メディア横断的、あるいはメディアに固有の性質という観点からみたメタレプシスの機能の研究（マルチメディアとポピュラーカルチャー研究）、四、メタレプシスおよびそれに関連する実践についての歴史的研究、五、メタレプシスの修辞学的可能性についての研究（https://www.lhn.uni-hamburg.de/node/51.html）。

これらの方向性の中で、現在もっとも注目を集めているのが、ポピュラーカルチャーならびにメディア研究である。こうした関心は本書『メタレプシス』にも認められるものでもあるが、この方面での研究の最近の成果の一つ、カリン・クッコネンとソニア・クリメクが編纂した論集『ポピュラーカルチャーにおけるメタレプシス』（二〇一一年）では、文学や映画はもちろん、マンガ、テレビドラマ、ポピュラーソング、ミュージックビデオ、あるいはファンフィクション（二次創作）といった現象が扱われている。この論集の序論でクッコネンは「メディア・アフォーダンス」という観点を提示し、メディア環境それ自体によってメタレプシス的な階層違反や領域侵犯がどのようなかたちをとり、またそれによって物語世界の存在論的な位相がどのように変化するかという問題を提起した（Karin Kukkonen, Sonja Klimek (ed), *Metalepsis in Popular Culture*, De Gruyter, 2011）。こうした探求はメタレプシス研究の領域を広げるだけでなく、メタレプシスの類型学それ自体に再検討を迫るものにもなるだろう。

*

本書を初めて手に取ったのは、博士論文を準備するためにパリに留学していた二〇〇四年である。当時のフランスでは、ジャン゠マリー・シェフェール『なぜフィクションか?』の出版を一つの契機としてフィクション理論への関心が高まっており、私自身もフィクションをテーマにしたセミナーやシンポジウムを探しては聴講していた。こうした状況で出版された本書は、あのジュネットの新著というだけではなく、「文彩からフィクションへ」というその副題によっても私の注意を引くものであり、刊行直後に知的興奮を覚えながら読んだことを覚えている。今回、翻訳をするにあたって久しぶりに精読してみたところ、面白さのほうは相変わらずであったが、同時にジュネットが参照している文学作品や映画などを可能な限り確認しながら読んでゆくと、意外と多くの間違い（あるいは間違いなのか冗談なのか分からないような記述）があっていくらか戸惑った。この「ゆるさ」は、本書がもともとシンポジウムの講演であったという事情、あるいはまたこの当時のジュネットが理論的な仕事を実質的に終えていたという事情によるのだろう。彼は本書を、この二年後から出版される一群の自伝的著作と同じように、かつての自らの仕事を振り返りつつ、厳密さを犠牲にしても思考の自由な展開に身を任せるように書いたのかもしれない。しかしながら訳者としては見つけてしまった疑問を放ってもおけないので、無粋を承知の上で、訳注で指摘をしたことをお断りしておく。

翻訳の作業においては、大浦康介さんに訳稿を点検していただき、貴重なご助言をいただいた。大浦さんはかつてジュネットにインタビューを行い、それまでの彼の知的軌跡を聴き取っている。『フィギュールⅢ』の邦訳に収められたこのインタビューは、一九八五年になされたものであるとはいえ、日本語で読めるものとしては現在でももっとも優れたジュネット案内だろう。また私が現在在外研究で日本を離れているため、日本語文献の確認については日高佳紀さんのお手を煩わせた。お二人には感謝を申し上げる。もちろん、訳文の責任は訳者にある。事実誤認や誤訳などがあるかもしれない。読者諸氏のご批判を俟つ。そして人文書院の井上裕美さんには、前著『表象の傷』に続いてお世話になった。本書の意義を理解し、この訳書を世に出すためにご尽力いただいた井上さんにも、心からの御礼を申し上げたい。

二〇二一年十一月　パリにて

久保昭博

著者略歴

ジェラール・ジュネット（Gérard Genette）

1930 年にパリに生まれる。高等師範学校を卒業したのち、高等研究実習院（後に社会科学高等研究院）ならびにニューヨーク大学で長く教鞭を執る。1970 年にツヴェタン・トドロフらと創刊した詩学専門誌『ポエティック』の編集委員を務めつつ多数の著作を発表し、構造主義以降のフランスを代表する文芸批評家、文学理論家として活躍した。特に「物語のディスクール」（『フィギュールⅢ』）で提示した物語論は、その後の文学研究に大きな影響を与える。1990 年代以降は分析美学の影響下に研究対象を文学から芸術全般にひろげ、美学に関する著作を発表。晩年には独自の形式をもつ自伝的書物を著した。2018 年死去。

代表作に『フィギュール』（全 5 巻、1966〜2002 年）、『ミモロジック』（1976 年）、『パランプセスト』（1982 年）、『芸術の作品』（2010 年）、『バルダドラック』（2006 年）などがある。

訳者略歴

久保昭博（くぼ・あきひろ）

1973 年生まれ。関西学院大学教授。

東京大学大学院総合文化研究科満期退学、パリ第三大学博士課程修了。専門は文学理論、フランス文学。

著作に『表象の傷―第一次世界大戦からみるフランス文学史』（人文書院、2011）、訳書にジャン＝マリー・シェフェール『なぜフィクションか？』（慶應義塾大学出版会、2019）など。

JIMBUN SHOIN Printed in Japan
ISBN978-4-409-04118-5 C1010

メタレプシス
——文彩からフィクションへ

二〇二二年三月二〇日　初版第一刷印刷
二〇二二年三月三〇日　初版第一刷発行

著　者　ジェラール・ジュネット
訳　者　久保昭博
発行者　渡辺博史
発行所　人文書院
〒六一二-八四四七
京都市伏見区竹田西内畑町九
電話〇七五（六〇三）一三四四
振替〇一〇〇〇-八-一一〇三

印刷・製本　モリモト印刷株式会社
装丁　濱崎実幸

http://www.jimbunshoin.co.jp/